青年学者文丛

物权法与内部资本市场效率研究

万滢霖　编著

北京邮电大学出版社
www.buptpress.com

图书在版编目（CIP）数据

物权法与内部资本市场效率研究 / 万滢霖编著.
北京：北京邮电大学出版社，2024. -- ISBN 978-7
-5635-7304-2

Ⅰ. D923.24；F279.2

中国国家版本馆 CIP 数据核字第 20244Q7L59 号

策划编辑：姚　顺　　责任编辑：刘春棠　王小莹　　责任校对：张会良　　封面设计：七星博纳

出版发行：	北京邮电大学出版社
社　　址：	北京市海淀区西土城路 10 号
邮政编码：	100876
发 行 部：	电话：010-62282185　传真：010-62283578
E-mail：	publish@bupt.edu.cn
经　　销：	各地新华书店
印　　刷：	保定市中画美凯印刷有限公司
开　　本：	720 mm×1 000 mm　1/16
印　　张：	9
字　　数：	167 千字
版　　次：	2024 年 8 月第 1 版
印　　次：	2024 年 8 月第 1 次印刷

ISBN 978-7-5635-7304-2　　　　　　　　　　　　　　　　　　　　定价：78.00 元

· 如有印装质量问题，请与北京邮电大学出版社发行部联系 ·

前　言

在我国很多企业选择通过构建内部资本市场进行融资,相关文献指出:多元化企业的内部资本市场能够有效缓解企业融资约束,但也存在双层代理问题以及相当普遍的交叉补贴和低效率问题(导致企业价值减损),成为大股东掠夺的工具。2007年我国颁布的物权法不仅将原材料、半成品、产品等存货纳入抵押资产范围,还明确应收账款和基金份额等资产权利可以合法出质,从而促使商业银行和其他金融机构增加向企业提供的流动性资产抵押贷款。此外,物权法明确可以应收账款出质进行负债融资,增大了企业事后对应收账款的处置空间和灵活性,促进了应付账款形式的商业信用快速增加(钱雪松 等,2017)。从现实情况来看,在物权法颁布之前,由于缺乏物权法基本规则和法律框架,已经颁布的企业破产法等法律也难以发挥其应有的作用,因而物权法的制定是建立和完善中国特色社会主义法律体系的重要举措。

本书将2007年颁布的物权法作为切入点,从大股东掏空行为、企业融资约束和企业创新3个维度来研究物权法对企业内部资本市场效率的影响,以及在不同的地区法律执行力度、公司治理水平和信息不对称程度下,实施物权法对抑制企业大股东掏空行为、缓解企业融资约束以及促进企业创新的作用。

本书的研究框架如下。首先阐述研究背景、研究思路、研究方法以及主要发现,回顾和归纳内部资本市场以及物权法的相关文献,并对现状进行评述。本书通过对制度背景和理论基础的介绍,深入分析中国和德国物权法的差异,引出物权法与内部资本市场效率的实证研究。以2001—2016年我国A股上市公司为样本,验证了La Porta等(2000)的法律以及金融观点:完善的法律制度能改善大股东掏空行为,促进企业融资和企业创新。实证研究包括反掠夺效应、企业融资约束以及企业创新3个部分。首先分析内部资本市场分别对反掠夺效应、企业融资约束和企业创新的影响;然后研究物权法分别对反掠夺效应、企业融资约束以及企业创新的影响;最后探讨物权法分别对内部资本市场和反掠夺效应、内部资本市场和企业融资约束、内部资本市场和企业创新之间关系的影响。基于以上分析,本书验证了内部资本市场通过抑制大股东掏空行为、改善企业融资约束、进一步促进企业创新的作用路径,对实证结果和理论框架进行了总结和分析。

本书以2001—2016年我国A股上市公司的数据为样本进行研究并得出以下结论。

第一,内部资本市场活跃程度与大股东掏空行为之间存在正相关关系。相比于内部资本市场适度活跃样本,内部资本市场低活跃度样本中内部资本市场活跃程度对大股东掏空行为的影响更大。相比于内部资本市场低活跃度样本和适度活跃样本,内部资本市场高活跃度样本中内部资本市场活跃程度对大股东掏空行为的影响更大。进一步检验发现,全样本下内部资本市场活跃程度对大股东掏空行为的影响存在区间效应。采用双重差分模型研究2007年物权法的颁布对大股东掏空行为的影响,发现在物权法颁布后,大股东掏空行为得到显著改善;同时,在物权法颁布的背景下研究内部资本市场活跃程度与大股东掏空行为之间的关系,发现物权法的颁布能够抑制内部资本市场的掠夺行为,改善大股东掏空行为。与以上分析类似,本书发现物权法对地区法律执行力度更小、信息不对称程度更高的企业具有更为显著的影响。这些结果说明,物权法的颁布具有反掠夺效应,这为我国进一步完善物权法、推进法治建设以及加强证券市场监管提供了理论参考。

第二,在内部资本市场低活跃度样本中,内部资本市场活跃程度与企业融资约束之间存在负相关关系。在内部资本市场高活跃度样本中,内部资本市场活跃程度与企业融资约束之间存在正相关关系。进一步检验发现,全样本下内部资本市场活跃程度对企业融资约束的影响存在区间效应,即两者之间呈U形关系。通过分组检验研究2007年物权法的颁布对企业融资约束的影响,发现物权法实施后,企业现金流敏感性下降;企业对于融资所需要的内部现金流的依赖性减弱。同时,在物权法颁布的背景下研究内部资本市场活跃程度与企业融资约束之间的关系,发现内部资本市场活跃程度与企业融资约束之间的相关关系不再显著。此外,还发现物权法对地区法律执行力度更大、内部治理水平更高的企业的融资约束的改善更为显著。这些结果说明物权法颁布后,外部融资挤出内部资本市场已成为更有效的资本配置机制,这对企业集团发挥内部资本市场的积极作用、对我国进一步完善物权法和推进法治建设均有重要意义。

第三,在内部资本市场低活跃度样本和适度活跃样本中,内部资本市场活跃程度与企业创新之间存在负相关关系,且相比于内部资本市场适度活跃样本,内部资本市场低活跃度样本中内部资本市场对企业创新的影响更大;在内部资本市场高活跃度样本中,内部资本市场活跃程度与企业创新之间存在正相关关系。进一步检验发现,全样本下内部资本市场活跃程度对企业创新的影响存在区间效应,即两者之间呈 U 形关系。通过分组检验研究 2007 年物权法的颁布对企业创新的影响,发现物权法的实施有助于企业创新。同时,在物权法颁布的背景下研究内部资本市场活跃程度与企业创新之间的关系,发现在内部资本市场低活跃度样本中,物权法对于内部资本市场与企业创新之间关系的影响不显著;在内部资本市场适度活跃样本中,物权法加重了内部资本市场与企业创新之间的负相关关系;在内部资本市场高活跃度样本中,物权法缓解了内部资本市场和企业创新之间的负相关关系。总体而言,物权法促进了企业创新,同时加重了内部资本市场与企业创新之间的负相关关系。以上研究说明,物权法对企业创新的影响随着内部资本市场活跃程度的不同而存在显著的差异。这对企业集团发挥内部资本市场的积极作用、为我国进一步推进法治建设、加强证券市场监管和实施创新驱动发展战略提供了理论参考。

本书可能的创新之处如下。第一,本书从连续变量角度研究内部资本市场对反掠夺效应、企业融资约束和企业创新的影响。基于内部资本市场活跃程度的核密度函数,将样本分为内部资本市场低活跃度样本、内部资本市场适度活跃样本和内部资本市场高活跃度样本 3 组,分别研究这 3 组样本中内部资本市场对反掠夺效应、企业融资约束和企业创新的影响,以此来体现内部资本市场活跃程度对反掠夺效应、企业融资约束和企业创新影响的差异。更重要的是,本书发现内部资本市场活跃程度与企业融资约束、企业创新之间均呈 U 形关系。第二,由于法律制度变革中自然实验的稀缺性,现有文献大多使用跨国或跨省等区域数据检验法律制度与金融发展之间的关系,只有少数研究尝试使用外生法律变革经验证据研究法与金融关系。本书在物权法颁布的背景下研究内部资本市场活跃程度与大股东掏空行为、内部资本市场活跃程度与企业融资约束以及内部资本市场活跃程度与企业创新之间的关系,发现物权法能够协同内部资本市场改善大股东掏空行为,缓解内部资本市场与企业融资约束之间的负相关关系,加重内部资本市场与企业创新之间的负相关关系。第三,与以往研究囿于单一视角考察内部资本市场不同,本书发现物权法对于信息不对称程度不同、内部治理水平不同、地区法律执行力度不同的企业的大股东掏空行为、融资约束以及企业创新的影响存在差异。

基于上述研究结论，本书提出以下政策建议。首先，建议上市公司在完善信息披露制度的同时，构建控股股东监控体系。其次，鉴于内部资本市场活跃程度的影响存在区间效应，而且债权人在对企业投资过程中可能会着重关注企业关联交易行为，因此企业必须强化内部资本市场约束制度监管，避免关联交易和过度投资。再次，基于物权法的颁布在抑制大股东掏空行为、缓解企业融资约束和促进企业创新中所发挥的显著作用，有关部门在制定和实施相关政策时，应当完善多层次资本市场建设，优化金融资源与服务结构，疏通"新经济"与中小微企业的投融资渠道，打破银行信贷融资垄断和政府融资平台垄断。这不仅有利于解决我国企业面临的财务问题，从根本上改善企业研发环境，而且对企业集团发挥内部资本市场的积极作用具有重大意义，为我国进一步推进法治建设、加强证券市场监管和实施创新驱动发展战略提供理论参考。

本书大部分内容完成于我在中央财经大学读博期间，在这里我要对四年来给予我帮助的师长、朋友表示衷心的感谢！中央财经大学祁怀锦老师、中国人民大学廖冠民老师、北京化工大学刘艳霞老师都对本书的写作提供了重要的支持和帮助。从法律保护的视角切入企业内部资本市场的研究让我能够以更广阔的视角深入了解外部治理如何作用于资本市场，进而对企业生产运营带来影响。该研究内容为我后续探究企业区块链应用的作用机制和影响后果打下了重要基础。

我还要把深深的感谢送给我的家人，没有你们的支持和鼓励我无法完成本书的写作。此外，我也要感谢北京邮电大学出版社的姚顺老师、刘春棠老师、王小莹老师为本书出版所做的工作。

作　者

2024 年 4 月 15 日

目 录

第1章 导论 ... 1

1.1 研究背景 ... 1
1.2 研究思路、研究方法与主要发现 ... 2
1.2.1 研究思路 ... 2
1.2.2 研究方法 ... 3
1.2.3 主要发现 ... 3
1.3 主要创新 ... 4
1.4 主要内容与框架 ... 5

第2章 文献综述 ... 8

2.1 物权法的文献综述 ... 8
2.2 内部资本市场的文献综述 ... 10
2.2.1 内部资本市场有效率论 ... 11
2.2.2 内部资本市场低效率论 ... 13
2.2.3 内部资本市场配置效率的测度 ... 15
2.3 文献评述 ... 16

  2.3.1 物权法的文献评述 ……………………………………… 16

  2.3.2 内部资本市场的文献评述 ……………………………… 17

第 3 章 制度背景与理论基础 ……………………………………… 18

 3.1 制度背景 ………………………………………………………… 18

  3.1.1 我国物权法制度概况 …………………………………… 18

  3.1.2 国内外物权法比较分析 ………………………………… 22

 3.2 理论基础 ………………………………………………………… 26

  3.2.1 委托代理理论 …………………………………………… 26

  3.2.2 有效市场理论 …………………………………………… 26

  3.2.3 信息不对称理论 ………………………………………… 27

  3.2.4 法与金融理论 …………………………………………… 28

  3.2.5 融资优序理论 …………………………………………… 28

第 4 章 物权法、内部资本市场与反掠夺效应 …………………… 30

 4.1 理论推导与假设提出 …………………………………………… 31

 4.2 研究设计 ………………………………………………………… 34

  4.2.1 数据来源与样本选择 …………………………………… 34

  4.2.2 研究模型与变量定义 …………………………………… 34

 4.3 实证结果分析 …………………………………………………… 37

  4.3.1 描述性统计分析 ………………………………………… 37

  4.3.2 单变量分析 ……………………………………………… 39

  4.3.3 多元回归分析 …………………………………………… 42

  4.3.4 稳健性检验 ……………………………………………… 49

  4.3.5 进一步讨论 ……………………………………………… 53

本章小结 ………………………………………………………………… 57

第5章　物权法、内部资本市场与企业融资约束 ……………………… 59
　5.1　理论推导与假设提出 ………………………………………………… 60
　5.2　研究设计 ……………………………………………………………… 63
　　5.2.1　数据来源与样本选择 …………………………………………… 63
　　5.2.2　研究模型与变量定义 …………………………………………… 64
　5.3　实证结果分析 ………………………………………………………… 66
　　5.3.1　描述性统计与分析 ……………………………………………… 66
　　5.3.2　多元回归分析 …………………………………………………… 69
　　5.3.3　稳健性检验 ……………………………………………………… 75
　　5.3.4　进一步的分析 …………………………………………………… 83
　　本章小结 ………………………………………………………………… 87

第6章　物权法、内部资本市场与企业创新 …………………………… 89
　6.1　理论推导与假设提出 ………………………………………………… 90
　6.2　研究设计 ……………………………………………………………… 93
　　6.2.1　数据来源与样本选择 …………………………………………… 93
　　6.2.2　变量定义和模型设计 …………………………………………… 94
　6.3　实证结果分析 ………………………………………………………… 96
　　6.3.1　描述性统计分析 ………………………………………………… 96
　　6.3.2　多元回归分析 …………………………………………………… 100
　　6.3.3　稳健性分析 ……………………………………………………… 105
　　本章小结 ………………………………………………………………… 113

第 7 章 结论与启示 ·· 115

7.1 本书的结论 ·· 115
7.2 政策建议 ·· 116
7.3 局限性及今后的研究方向 ······································ 117

参考文献 ·· 119

第1章 导　　论

1.1 研究背景

内外部融资成本的差异影响了企业对内部资金的依赖性。我国资本市场规模较小,信贷市场尤其是融资工具不发达阻碍了大中型民营企业的再融资行为,因此很多企业选择通过构建内部资本市场进行融资。但是内部资本市场依然存在着"黑暗面(Dark Side)",较多的实证研究表明多元化企业的内部资本市场存在双层代理问题,并且交叉补贴、寻租(Rent Seeking)和低效率问题相当普遍,因此内部资本市场不仅没有增加企业的价值,还导致多元化企业的价值减损,成为大股东掠夺的工具。

2007年颁布的物权法赋予债权人扣留私企贷款所用抵押物的权利,包括在清算过程中债权人能够率先获得赔偿,以及在抵押物受到损毁的情况下债权人能够得到全额赔偿。同时物权法也显著地加大了私企所属物权的保护力度,增强了债权人的投资意愿,带来了外部融资的增长(Berkowitz,2015)。物权法不仅将原材料、半成品、产品等存货纳入抵押资产范围,还明确应收账款和基金份额等资产权利可以合法出质,从而促使商业银行和其他金融机构增加向企业提供的流动性资产抵押贷款。此外,物权法明确可以应收账款出质进行负债融资,增大了企业事后对应收账款的处置空间和灵活性,促进了应付账款形式的商业信用快速增加(钱雪松 等,2017)。

以往关于物权法的经济后果方面的研究主要是针对外部融资的,没有涉及内部资本市场，此外在对内部资本市场效率影响因素进行研究的文献中法律保护相关的研究仍然不够充分。2007年物权法的颁布为我们的研究提供了绝佳的自然实验条件。本书首先以2001—2016年我国A股上市公司的数据为样本，通过双重差分模型从大股东掏空行为、企业融资约束和企业创新3个维度研究物权法影响企业内部资本市场效率的相关证据；然后根据信息不对称问题的严重程度、内部治理水平和地区法律执行力度进行分组检验，通过累计操纵性应计和分析师跟踪人数来度量信息不对称问题的严重程度，通过董事会独立性以及两权分离程度等来度量内部治理水平，通过樊纲市场化指数中市场中介组织的发育、法律制度环境指数和世界银行报告中的地区法律指数来度量地区法律执行力度；最后基于以上分析，对实证结果和理论框架进行总结和分析，并就政府部门、企业如何助力法治建设和内部资本市场效率提升提出相应的政策建议。

1.2 研究思路、研究方法与主要发现

1.2.1 研究思路

为了验证La Porta等(2000)的法与金融观点，即完善的法律制度可以促进企业融资和企业层面的价值提升，本书以2007年物权法的颁布作为自然实验条件从大股东掏空行为、企业融资约束和企业创新3个维度来研究物权法对企业内部资本市场效率的影响。进一步而言，物权法能够通过改善融资供给水平、抑制大股东掏空行为、促进企业创新。在不同的信息不对称程度、公司治理水平和地区法律执行力度下，实施物权法对于抑制企业大股东掏空行为、缓解企业融资约束以及促进企业创新的作用也存在差异。

基于以上分析，实证研究包括反掠夺效应、企业融资约束以及企业创新3个部分。首先分析内部资本市场分别对反掠夺效应、企业融资约束和企业创新的影响；然后研究物权法分别对反掠夺效应、企业融资约束以及企业创新的影响；最后探讨物权法分别对内部资本市场和反掠夺效应、内部资本市场和企业融资约束、内部资本市场和企业创新之间关系的影响。基于以上分析，本书验证了内部资本市场通过抑制大股东掏空行为、改善企业融资约束影响企业创新的作用机理，并对实证结

果和理论框架进行了总结和分析。

1.2.2 研究方法

本书总体上采用了规范式理论分析和档案式实证研究相结合的研究方法。

在理论分析和文献回顾中，本书试图研究物权法对于企业内部资本市场的影响，试图验证随着物权法实施后债权人保护程度的增强，企业内部资本市场效率得到显著提高。

实证检验部分主要运用多元回归模型对理论分析部分提出的假设进行检验。本书的实证研究方法主要包括描述性统计、单变量分析（包括参数与非参数检验）、多元回归分析（包括双重差分模型、倾向匹配得分检验、分组检验）以及非参数估计方法等，本书利用这些方法检验书中的假设和推断，最终得出结果并对结果的含义进行讨论。

1.2.3 主要发现

本书以2001—2016年我国A股上市公司的数据为样本，有以下研究发现。

第一，内部资本市场活跃程度与大股东掏空行为之间存在正相关关系。相比于内部资本市场适度活跃样本，内部资本市场低活跃度样本中内部资本市场活跃程度对大股东掏空行为的影响更大。相比于内部资本市场低活跃度和适度活跃样本，内部资本市场高活跃度样本中内部资本市场活跃程度对大股东掏空行为的影响更大。进一步检验发现，全样本下内部资本市场活跃程度对大股东掏空行为的影响存在区间效应。研究2007年物权法的颁布对大股东掏空行为的影响，发现在物权法颁布后，大股东掏空行为得到显著改善；同时，在物权法颁布的背景下研究内部资本市场活跃程度与大股东掏空行为之间的关系，发现物权法的颁布能够抑制内部资本市场的掠夺行为，改善大股东掏空行为。和以上分析类似，我们发现物权法对于地区法律执行力度更小、信息不对称程度更高的企业具有更为显著的影响。这些结果说明物权法具有反掠夺效应，这为我国进一步完善物权法、推进法治建设、加强证券市场监管提供了理论参考。

第二，在内部资本市场低活跃度样本中，内部资本市场活跃程度与企业融资约束之间存在负相关关系；在内部资本市场高活跃度样本中，内部资本市场活跃程度与企业融资约束之间存在正相关关系。进一步检验发现,全样本下内部资本市场活跃程度对企业融资约束的影响存在区间效应,即两者之间呈 U 形关系。研究2007 年物权法的颁布对企业融资约束的影响,发现物权法颁布后,企业现金流敏感性下降:企业对于融资所需要的内部现金流的依赖性减弱。同时,在物权法颁布的背景下研究内部资本市场活跃程度与企业融资约束之间的关系,发现内部资本市场活跃程度与企业融资约束之间的相关关系不再显著。此外还发现物权法对于地区法律执行力度更大、内部治理水平更高的企业融资约束的改善更为显著。这些结果说明物权法颁布后,外部融资挤出内部资本市场已成为更有效的资本配置机制,这对企业集团发挥内部资本市场的积极作用,对我国进一步完善物权法和推进法治建设均有重要意义。

第三,在内部资本市场低活跃度和适度活跃样本中,内部资本市场活跃程度与企业创新之间存在负相关关系,且相比于适度活跃样本,低活跃度样本中的内部资本市场对企业创新的影响更大;在内部资本市场高活跃度样本中,内部资本市场活跃程度与企业创新之间存在正相关关系。进一步检验发现,全样本下内部资本市场活跃程度对企业创新的影响存在区间效应,即两者之间呈 U 形关系。研究 2007年物权法的颁布对企业创新的影响,发现物权法的颁布有助于企业创新。同时,在物权法颁布的背景下研究内部资本市场活跃程度与企业创新之间的关系,发现在内部资本市场低活跃度样本中,物权法对于内部资本市场与企业创新之间关系的影响不显著;在内部资本市场适度活跃样本中,物权法加重了内部资本市场与企业创新之间的负相关关系;在内部资本市场高活跃度样本中,物权法缓解了内部资本市场和企业创新之间的负相关关系。总体而言,物权法在促进企业创新的同时加重了内部资本市场与企业创新之间的负相关关系。以上研究说明,物权法对企业创新的影响随着内部资本市场活跃程度的不同而存在显著差异。这为企业集团发挥内部资本市场的积极作用,为我国进一步推进法治建设、加强证券市场监管和实施创新驱动发展战略提供了理论参考。

1.3 主要创新

第一,以往文献对于内部资本市场效率的研究主要基于外部环境和企业特征的差异分析内部资本市场和外部资本市场之间的作用机制。本书试图从连续变量角度研究内部资本市场的影响;与此同时,基于内部资本市场活跃程度的核密度函数,将样本分为内部资本市场低活跃度样本、内部资本市场适度活跃样本和内部资本市场高活跃度样本3组,分别研究这3组样本中内部资本市场的影响,以此来体现内部资本市场不同活跃程度下影响的差异。更重要的是,本书发现内部资本市场活跃程度的影响存在区间效应,即两者之间呈U形关系。

第二,由于法律制度变革中自然实验的稀缺性,现有研究大多使用跨国或跨省等区域数据检验法律制度与金融发展之间的关系,只有少数研究尝试使用外生法律变革经验证据研究法与金融关系。本书在物权法颁布的背景下研究内部资本市场活跃程度与大股东掏空行为之间的关系,发现在物权法颁布后大股东掏空行为显著减少,物权法能够协同内部资本市场抑制大股东掏空行为。本书在物权法颁布的背景下研究内部资本市场活跃程度与企业融资约束之间的关系,发现内部资本市场活跃程度与企业融资约束之间的相关关系不再显著。进一步,本书在物权法颁布的背景下研究内部资本市场活跃程度与企业创新之间的关系,发现物权法在促进企业创新的同时加重了内部资本市场与企业创新之间的负相关关系。

第三,与以往研究囿于单一视角考察内部资本市场不同,本书发现物权法对企业创新的影响随着内部资本市场活跃程度的不同而存在显著差异。此外,本书发现在不同的信息不对称程度、内部治理水平、地区法律执行力度下物权法对企业大股东掏空行为、企业融资约束以及企业创新的影响存在差异。这对企业集团内部资本市场发挥积极作用,对我国进一步推进法治建设、加强证券市场监管和实施创新驱动发展战略均有重要的现实指导意义。

1.4　主要内容与框架

本书与法与金融议题紧密相关。La Porta 等(1997,1999,2000)表明特定的立法体系和法律特征会塑造不同质量的金融体系,并带来经济增长。本书从大股东掏空行为、企业融资约束和企业创新3个维度来研究物权法对于企业内部资本市场效率的影响;在物权法颁布的背景下研究内部资本市场活跃程度分别与反掠夺效应、企业融资约束和企业创新之间的关系,并试图从缓解企业融资约束、抑制大股东掏空行为这两个视角进一步厘清其作用机制,揭开内部资本市场影响企业创新的"黑箱"。

本书的结构安排如下。

第1章为导论。本章对全书进行一般性介绍，首先阐述本书的研究背景，其次介绍本书的研究思路、研究方法和主要发现，再次介绍本书的主要创新，最后介绍本书的主要内容与框架。

第2章为文献综述。该章回顾和总结物权法和内部资本市场相关的文献，并对现状进行评述。物权法的文献综述部分主要包括物权法研究和法律保护研究两个方面。内部资本市场的文献综述部分主要包括内部资本市场理论的发展和内部资本市场效率的度量两个方面。

第3章为制度背景和理论基础。该章主要介绍与本书相关的制度背景和理论基础，包括委托代理理论、有效市场理论、信息不对称理论、法与金融理论和融资优序理论，通过回顾中国和德国的物权法颁布和执行情况，比较两者在法律渊源和具体条文方面的异同。

第4章为物权法、内部资本市场与反掠夺效应。该章以2001—2016年我国A股上市公司为样本，从3个方面展开实证研究：一是研究内部资本市场与大股东掏空行为；二是分析物权法的颁布对大股东掏空行为的影响；三是检验物权法的颁布对内部资本市场与大股东掏空行为之间关系的影响。以上研究检验为2007年物权法的颁布对内部资本市场的反掠夺效应提供了直接证据。随后该章根据信息不对称问题的严重程度以及地区法律执行力度进行分组检验，分析物权法对于反掠夺效应的影响。

第5章为物权法、内部资本市场与企业融资约束。该章以2001—2016年我国A股上市公司为样本，从3个方面展开实证研究：一是研究内部资本市场与企业融资约束；二是分析物权法的颁布对企业融资约束的影响；三是检验物权法的实施对内部资本市场与企业融资约束之间关系的影响。以上研究为检验2007年物权法的颁布影响上市公司融资约束提供了直接证据。随后该章根据内部治理水平以及地区法律执行力度进行分组检验，分析物权法对于企业融资约束的影响。

第6章为物权法、内部资本市场与企业创新。该章以2001—2016年我国A股上市公司为样本，从3个方面展开实证研究：一是研究内部资本市场与企业创新；二是分析物权法的颁布对企业创新的影响；三是检验物权法的实施对内部资本市场与企业创新之间关系的影响。以上研究为检验2007年物权法的颁布影响上市公司企业创新提供了直接证据。在进一步的检验中，我们通过缓解企业融资约束和抑制大股东掏空行为这两个路径检验了内部资本市场对于企业创新的影响。

第7章为结论与启示。基于以上分析,该章总结全书,包括物权法和内部资本市场对反掠夺效应的影响、物权法和内部资本市场对企业融资约束的影响、物权法和内部资本市场对企业创新的影响,对实证结果和理论框架进行总结和分析,并为政府部门如何促进法治建设、企业如何提升内部资本市场效率提出相应的政策建议。

图1-1为本书的技术路线图。

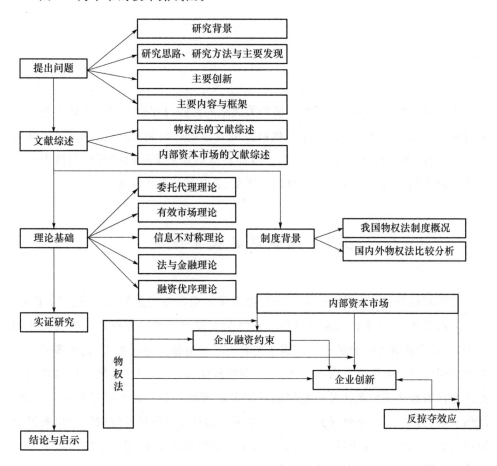

图1-1 技术路线图

第 2 章 文 献 综 述

本章是对物权法和内部资本市场相关文献的回顾与评述。物权法的文献综述部分从物权法的经济后果以及作用机制方面对国内外相关文献进行了探讨,并对文献的内容、方法和结论进行了回顾。内部资本市场的文献综述部分包括内部资本市场理论的发展以及内部资本市场的度量、总结和扩展等内容。

2.1 物权法的文献综述

法律对投资者的保护程度对一国金融市场的规模有着重要的影响。La Porta 等(1997)分析了 49 个国家和地区资本市场的发展与法律对投资者保护程度之间的关系,发现投资者保护越充分的国家拥有市场价值越高的证券市场、越多的人均上市公司以及越大的信贷市场。在 2007 年物权法颁布后,很多文献直接以物权法的颁布作为自然实验条件考察物权法对于金融市场尤其是企业信贷方面的影响。江伟和姚文韬(2016)通过研究供应链金融证实物权法明确可以应收账款出质进行负债融资,增大了企业事后对应收账款的处置空间和灵活性,促进了应付账款形式的商业信用快速增加。钱雪松和方胜(2017)指出 2007 年颁布的物权法不仅将原材料、半成品、产品等存货纳入抵押资产范围,还明确应收账款和基金份额等资产权利可以合法出质,从而促使商业银行和其他金融机构增加向企业提供的流动性资产抵押贷款。此外,2007 物权法的颁布不仅带动了长期借款及商业信用显著增加,而且改善了企业研发创新活动的融资约束,促进了企业创新水平显著提升(姜军 等,2017)。

一部分学者从法律保护的经济后果的角度研究了法律保护对公司绩效(王克敏 等,2004;王鹏,2008)、企业收购(魏建,2003;唐建新 等,2010)、公司治理(刘启亮 等,2008)、企业业绩(许琳,2006;王鹏,2008)、利率价差(Laeven et al.,2005)的影响。魏建(2003)提出了一个新的理论框架,并指出提高投资者保护水平是促进效率型管理层收购的关键。汪毅慧等(2003)认为中国较差的投资者保护环境导致了股票交易中的信息不对称成本较高。王克敏和陈井勇(2004)研究发现股权结构对公司绩效作用的强弱受到投资者保护程度的影响。当投资者保护程度增强时,大股东对管理者的监督力度减小;当投资者保护程度减弱时,情况则相反。卢峰和姚洋(2004)指出加强法治有助于提高私人部门获得的银行信贷份额,推动银行业的竞争,但会抑制私人投资,对金融深化没有显著影响。许琳(2006)实证研究了我国中小投资者保护的发展对公司上市后长期业绩的影响。研究结果表明,随着我国中小投资者保护的发展,公司上市后长期业绩表现不佳的"异象"逐渐有所缓解。

另一部分学者从法律保护的作用机理的角度研究了法律环境与企业收购(魏建,2003;唐建新 等,2010)、信息不对称(汪毅慧 等,2003)、财务舞弊(吴永明 等,2007)、大股东掏空(李青原 等,2007;王鹏,2008;何骏 等,2008;许金花 等,2018)、权益成本(肖岷 等,2008)、现金持有(罗琦 等,2009;Seifert et al.,2012)、公司负债(沈艺峰 等,2009)、企业创新(Acharya et al.,2009;Seifert et al.,2012;顾弦,2015;鲁桐 等,2015)、投资者保护的测度(马永强 等,2009)、事务所变更(陈冬 等,2009)、司法独创性(陈信元 等,2010)、区域资本市场(郑志刚 等,2010)、投资效率(于文超 等,2013)、媒体监督(李焰 等,2013)、盈余操纵(袁知柱 等,2014)、股价崩盘风险(王化成 等,2014)、风险承担(李海霞 等,2015)以及诉讼风险(王彦超 等,2016)。

国外研究主要通过不同国家的样本分析在国家层面上投资者保护的经济后果,包括投资者保护与公司治理(Klapper et al.,2004;Chen et al.,2009)、股东决策(Shleifer et al.,2002)、盈余管理(Leuz et al.,2003)、财报质量(Barton et al.,2004;Defond et al.,2007)、所有权集中度(Boubakri,2010)、企业性质(Bergman et al.,2007)、企业债务(Cheng et al.,2007;Cho et al.,2014;Shah et al.,2017)、异常回报(Hagendorff et al.,2008)、企业价值(Hughes,2009;Agrawal,2013)、可转债(Lee et al.,2009)、投资者保护策略选择(Xiao et al.,2009)、投资政策(Nini,2009;Giofré,2014)、分红政策(Brockman,2009;Kao et al.,2013;Moortgat,2017)、银行风险承担(Houston,2010)、债券收益率与评级(Boubakri et al.,2010)、股票回购

(Alzahrani et al.,2012)、保险(Lin et al.,2012)、企业研发(Xiao,2013)、现金价值(Kyröläinen et al.,2013)、信息不对称(Enikolopov et al.,2014)、金融危机(González,2016)、收购动机(Larrain et al.,2017)、股价崩盘风险(Zhang et al.,2017)、企业社会责任(Breuer et al.,2018)。

在投资者保护与公司治理方面 Klapper 和 Love(2004)通过 14 个发展中国家的公司治理数据发现国家法治环境越差,公司治理水平越低。同时公司治理水平和运营环境与市场价值高度相关。Leuz 等(2003)以 31 个国家为样本检验了盈余管理的系统性差异,在投资者保护程度较高的国家,因为较高的保护程度降低了内部人获取私利的可能性,抑制了内部人掩盖公司业绩的动机。Boubakri 和 Ghouma(2010)通过 39 个国家样本发现对于投资者保护程度较低的国家而言,所有权集中度对于企业业绩的影响更为显著。Bergman 和 Nicolaievsky(2007)通过墨西哥的样本发现私企的投资者保护程度较高。Cho 等(2014)以 48 个国家作为样本发现较多的信贷者权利和较低的国家间长期债务比例相关,较高的投资者保护程度会减小长期债务发放规模以及降低杠杆率,公司和国家层面的特征会影响信贷者保护和长期债务杠杆之间的关系。Hughes(2009)通过 12 个西欧国家样本分析了所有权和投资者保护在决定企业价值方面的作用,企业会调整最终控制权结构以减小投资者保护程度较低的国家所面临的价值下跌风险。González(2016)通过对 34 个国家的数据分析发现金融危机对企业投资的影响受到投资者保护和银行竞争的影响。投资者保护和银行竞争不仅影响了金融危机发生的概率,而且影响了金融危机的严重程度。

2.2 内部资本市场的文献综述

内部资本市场理论的研究起源于新制度经济学派的交易成本理论和产权理论。在 20 世纪 60 年代,美国兴起了一波并购浪潮,公司通过跨行业并购形成多元化业务格局,并采用 M 形组织结构。使用传统的规模经济或纵向一体化理论来解释这种组织结构并不能完全令人信服。新制度经济学派的创始人科斯(1937)认为,公司和市场是分配资源的两种替代方式。随后经济学家不同程度地扩展了科斯的方法,交易成本理论和产权理论是其中非常有影响力的两个分支。国外文献的研究主要集中在内部资本市场与股票回报(Billett et al.,2000;Cline et al.,

2014;Akhigbe et al.,2015)、多元化(Peyer et al.,2001;Mcneil et al.,2005;Yan et al.,2010)、企业负债(Lee et al.,2009;Kolasinski,2009;Fier et al.,2013)以及投资效率(Bernardo,2006)上。也有部分文献研究了内部资本市场与大股东掏空行为(Buchuk et al.,2014)、所有权(Gugler et al.,2013)、CEO薪酬激励(Datta et al.,2009)。

内部资本可以在公司自有资金和公司的其他资本之间转移。换句话说,外部资本可以作为股本进入企业,形成企业的内部资本。内部资本也可以转换其代表的所有权形式以重新进入外部资本市场。然而,由于内部资本和外部资本转换过程中存在交易成本以及机会成本,因此内部资本和外部资本转换的频率会降低,这使内部资本市场的稳定存在成为可能。内部资本市场和外部资本市场的主要区别在于对资产的剩余控制。资产剩余控制的差异导致内部资本市场和外部资本市场在激励、监督和资产重新配置方面的能力和机制存在巨大差异。拥有控制权的公司总部可以凭借内部资本市场通过赢家选择活动利用抵押为当地业务部门融资,并在更广泛的维度下重新配置公司的稀缺资本,进而提高公司的价值。Stein(1997)进一步指出,内部资本市场可以解决公司内部不同部门的资金分配问题;而外部资本市场可以解决不同公司之间的资金分配问题。从本质上讲,内部资本市场更多地依赖权威、层级和定价机制对资源进行分配;而外部资本市场严重依赖定价机制。配置方法的差异不可避免地导致差异化的配置结果。

2.2.1 内部资本市场有效率论

内部资本市场的概念提出以后,相关研究主要集中在多元化(冯丽霞,2006)、内部资本市场有效性(邵军 等,2007;冯丽霞 等,2008;王峰娟 等,2013;王峰娟 等,2016)、融资约束(谢军 等,2014;刘星,2010;计方 等,2014;潘俊 等,2015)上,其中以融资约束的相关研究居多。一种观点认为,内部资本市场可以缓解信息不对称问题,完善监督激励机制,缓解融资约束,从而提高内部资本配置效率。早期持这种观点的文献包括 Alchian(1969)、Williamson(1975)、Gertner 等(1994)、Stein(1997)、Houston 等(1997)、Shin 和 Stulz(1998)、Matsusaka 和 Nanda(2002)等。另一种观点认为,由于存在滥用自由现金流问题、代理问题、寻租问题、交叉补贴问题等,因此内部资本市场在内部资金配置方面是低效率的,甚至是无效率的。持这种观点的文献主要有 Berger 和 Ofek(1995)、Scharfstein 和 Stein(2000)、

Rajan 等(1998)等。

(1) 缓解信息不对称问题

内部资本市场能够促进各部门之间的密切合作，账面记录的审查、文件的保存、企业内部信息的披露。内部资本市场在审计中具有优势，能够确定企业内部管理与分支机构之间的因果关系以及分支机构应该获得的资金数量，这些都是外部资本市场所不具备的优势。Williamson(1975)从监管、激励、内部竞争和低成本资本分配的角度总结了内部资本市场相对于外部资本市场的优势。在内部资本市场中，资本收入根据内部竞争的资本投资回报率被直接投入生产部门。由于内部流通和调整成本较低，因此内部资本市场可以根据前一阶段的投资结果确定追加投资的变化，从而实现内部资金的高效运作。

(2) 完善监督激励机制

Gertner 等(1994)根据 Grossman 和 Hart(1986)、Hart 和 Moore(1990)的新产权理论构建了一个模型，探索内部资本市场在监督、激励以及资本重构中的有效性。与内部资本市场不同的是，外部资本市场的发起人不是资金使用部门资产的直接拥有者。有剩余控制权的内部投资者由于具有较大的信息优势、较低的监督成本和较高的可信度，因此对增加项目产出有更大的监督和激励作用。相反，没有剩余控制权的外部投资者对公司总部(内部资助者)的监督和激励作用较小，项目的产出最终会减少。因此，掌握剩余控制权的公司总部需要对公司进行更多的监督，这将使内部资本市场在资本分配和管理方面更加高效。

(3) 缓解融资约束

大多数国内外研究结果表明内部资本市场可以缓解融资约束(Campello，2002;Billett et al.,2003;周业安 等,2003;韩亮亮 等,2008;黎来芳 等,2008)。Desai 等(2004)发现美国跨国公司的子公司，尤其是外部融资受限的子公司会使用其母公司债务替代外部债务。Dewaelheyn 和 Hulle(2010)指出集团公司倾向于使用内源融资代替外源融资以降低融资成本。黎来芳等(2008)以及邓建平和曾勇(2011)从关联方角度考察了企业集团化经营对民营企业融资约束的缓解作用，进一步指出金融关联较政治关联而言更能缓解企业的融资约束。内部资本市场"多钱效应"基于两个相关假设：第一，公司总部具有关于每个细分市场投资前景的足够的信息；第二，公司总部可以凭借高质量信息进行跨部门资本配置(即赢家选择活动)。集团成员之间以及集团不同业务之间的现金流能够互补以实现资金规模经济效应(王峰娟 等,2013;吴秋生 等,2017)。吴秋生和黄贤环(2017)进一步指出财务公司资金结算职能、贷款业务职能以及担保业务职能可以显著缓解上市公司的融资约束。同时集团多个成员的共同保险可以增强各自的信贷能力,优化资金配置结构,有效缓解上市公司的融资约束。此外,多元化公司在市场上具有"声誉效应",使其更容易获得外部融资。

2.2.2 内部资本市场低效率论

虽然内部资本市场有效率论从不同角度解释了内部资本市场分配的效率,但Lang等(1995)的研究表明,多元化公司的托宾Q值明显低于具有相同投资组合的专业公司。Berger和Ofek(1995)指出多元化公司的价值低于相同专业化公司组合的价值的13%～15%。20世纪80年代以后,美国的多元化公司掀起了建立专业化公司的浪潮,这使得研究人员再次关注多元化公司存在的内部资本市场构建问题。内部资本市场低效率论根据委托人框架对人类的机会主义倾向给出了不同的解释。Jensen(1986)用自由现金流假说对此进行了解释。他认为作为代理人的管理人员倾向于滥用自由现金流来过度投资,而联合大型企业组织的形式则为管理人员提供了更充足的现金流,这很容易导致过度投资。另外,Scharfstein和Stein(2000)、Rajan等(2000)认为,由于存在代理问题、寻租问题、交叉补贴问题、平均主义现象等,内部资本市场部署的效率会低于外部资本市场。

1. 滥用自由现金流

自由现金流假说是现代企业控制市场理论的核心概念之一,是基于代理成本理论的。Jensen(1986)通过美国20世纪70年代的实证研究,以美国石油行业的并购活动为例,提出了一种自由现金流假说。他指出,并购是管理者花费现金的主要方式,而自由现金流假说意味着拥有充足自由现金流的公司倾向于做低效率或低价值的收购。自由现金流的问题在于如何让经理人支付现金,而不是将其投资于低于资本成本的项目或组织。从股东的角度来看,向股东返还现金可以减少管理者控制的资源,并且可以迫使管理者通过外部资本市场进行监督,以防止管理者为了个人利益而利用现金进行过度扩张。Stulz(1990)的结论支持了这一结论,他认为现金流充足的企业倾向于过度投资不良项目,那些拥有内部资本市场的企业通常拥有更充足的自由现金流,因此更有可能产生低效的过度投资行为。

2. 代理与寻租

以往的文献指出内部资本市场具有掠夺效应,金字塔控股结构不但具有对外融资优势,而且使控制权和现金流权显著分离,可以为大股东利用灵活隐蔽的内部资金转移手段掏空上市公司创造条件。我国资本市场的投资者保护程度较低,债权人常常要面临信息不对称引发的各种问题,无法对企业进行有效的监督,控股股东因此更有动机借助于金字塔控股结构进行复杂、隐蔽的内部资金转移,从掏空行为中获得私有财富(邵军 等,2007;杨棉之,2006)。掏空的形式多种多样,大股东可以通过特殊的关联购销、担保或占款等形式侵占公司的利益(李增泉 等,2004;Jiang et al.,2010;曹廷求 等,2016)。以往文献通过考察大股东与上市公司各种形式的关联交易(Jian et al.,2010;Peng et al.,2011)、关联交易事件公告的市场反应(Cheung et al.,2006)以及更直接的资金占用(Jiang et al.,2010)等验证大股东在集团内部的利益输送现象。更多的经验证据显示企业集团内部形成的资本市场和要素市场为大股东掏空上市公司提供了一个运作平台,大股东可以方便地通过关联交易、资金占用等手段进行利益转移(Khanna et al.,2000),并且由于内部资本市场可能增强企业集团整体的融资能力,因此成员企业更容易得到充足的资金支持而诱发过度投资(Matsusaka et al.,2002)。李增泉等(2004)及黎来芳等(2008)的研究发现,附属于企业集团的上市公司被大股东占用了更多的资金,从而给企业集团的掏空功能假说提供了支持。

3. 交叉补贴和平均主义

交叉补贴的一个解释是,企业总部通过低效的交叉补贴将资源分配给效率低下的子行业。Scharfstein和Stein(2000)在对其两级代理模型的分析中发现组内存在平均主义现象。对于相对较好的项目,投资不足,而对于相对较差的项目,投资过度。随着对内部资本市场研究的深入,也有相关文献从公司治理(吴成颂,2011)、公司绩效(张会丽 等,2011;郑国坚 等,2016)、现金持有(蔡卫星 等,2016)、激励政策(龚志文 等,2017)、风险传导(纳鹏杰 等,2017)、组织结构(危平 等,2017)等方面进行研究。其他研究还涉及内部资本市场的间接影响,如企业研发(黄俊 等,2011)、企业创新(王超恩 等,2016)、均衡资本配置模型(钱雪松,2013;龚志文 等,2017)。吴成颂(2011)通过模型分析了内部资本市场功能异化对公司治理水平的影响机理。黄俊和陈信元(2011)发现集团企业的技术进步不仅依赖自身的研发投入,也和其他成员企业的现金流相关联。张会丽和吴有红(2011)研究发现,财务资源配置的集中程度与企业经营绩效之间存在显著的倒U形关系,即过度集中或过度分散的财务资源配置都将对企业经营绩效产生不利影响。钱雪松(2013)分析指出,股权关联不仅遏制了金融市场条件趋紧背景下的信贷价格上升势头,同时也使委托贷款利率未能充分反映出高风险关联借款者的风险状况。郑国坚等(2016)归纳和比较了系族企业、非系族模式的集团控制企业以及独立(整体上市)企业这3类组织形式在公司治理、资本运作和集团管控等方面的重要差异。危平和杨明艳(2017)指出我国金融集团普遍存在有效率的内部资本市场,且组织的结构复杂性和行为复杂性与内部资本市场效率之间呈倒U形关系,组织的关系复杂性对内部资本市场效率没有显著影响。龚志文和陈金龙(2017)构建了大股东控制下的企业集团内部资金借贷优化模型,推导并演绎了内部资本市场的存在性、有效性和公平性。王超恩等(2016)指出集团财务公司可以通过缓解融资约束促进企业创新产出,而且集团财务公司的效率与地区的金融发展水平在一定程度上存在替代效应。

2.2.3 内部资本市场配置效率的测度

内部资本市场的配置效率是研究者非常关心的问题,研究中常采用理论和实证两个层面的测度方法,前者比较抽象且难以操作,后者更加明确和可行。Rajan等(2000)通过相对价值增加法(Relative Value Added,RVA)对于内部资本市场是否有效进行衡量。Bergman和Nicolaievsky(2007)使用金融发展水平不同的国家之间的跨境收购来测试内部资本市场部署的效率。通过跨境收购,收购公司和目标公司之间建立内部资本市场被视为间接进入更发达的金融市场的机制。Peyer和Shivdasani(2001)使用分部投资的Q敏感性法对于内部资本市场是否有效进行了衡量。Gertner等(2002)比较了分拆业务单元前后的变化,以实证分析各业务单元(以托宾Q值表示)的投资机会并测试内部资本市场是否有效。Maksimovic和Phillips(2002)借鉴了Peyer和Shivdasani(2001)的计算方法,通过分部的现金流来代表分部的生产力。Shin和Stulz(1998)认为如果在投资受到资金约束的情况下,企业内部最好的投资机会最先得到资金支持,则说明企业内部资本市场是有效的。

中国的学者也尝试了采取多种方式度量内部资本市场效率。谢军和黄志忠(2014)通过企业集团内部相互资金往来以及企业集团内公司对上市公司的财务资助衡量内部资本市场效率,发现国有企业集团的内部资本市场并没有起到缓解融资约束的作用,民营企业具有更强的内部资金管理能力,民营企业集团所构建的内部资本市场能够更好地发挥资本配置功能。对于国有企业,内部资本市场对区域金融市场不具有功能替代效应;而对于民营企业,内部资本市场对区域金融市场具有显著的功能替代效应。内部资本市场在金融发展水平较低的区域能够更好地发挥融资功能。

2.3 文献评述

2.3.1 物权法的文献评述

投资者权利的法律保护程度对一国金融市场的规模有着重要的影响。在2007年物权法的颁布后,很多文献直接以物权法的颁布作为自然实验条件考察物权法对于金融市场尤其是企业信贷的影响。江伟和姚文韬(2016)通过研究供应链金融,证实物权法通过明确可以应收账款出质进行负债融资,增大了企业事后对应收账款的处置空间和灵活性,促进了应付账款形式的商业信用快速增加。钱雪松和方胜(2017)指出,2007年颁布的物权法不仅将原材料、半成品、产品等存货纳入抵押资产范围,还明确应收账款和基金份额等资产权利可以合法出质,从而促使商业银行和其他金融机构增加向企业提供的流动性资产抵押贷款。此外,2007年物权法的颁布不但能够带动长期借款及商业信用显著增加,而且能够缓解企业研发创新活动的融资约束,促使企业创新水平显著提升(姜军 等,2017)。

一部分学者从法律保护的经济后果的角度进行研究,另一部分学者从法律保护的作用机理的角度进行研究。大部分研究指出法律保护能够有效地改善信息不对称问题(汪毅慧 等,2003)、抑制大股东掏空行为(李青原 等,2007;王鹏,2008;何骏 等,2008;许金花 等,2018)、改善公司负债情况(沈艺峰 等,2009),最终能够促进企业创新(Acharya et al.,2009;Seifert et al.,2012;顾弦,2015;鲁桐 等,2015)。国外研究主要通过不同国家的样本分析在国家层面上投资者保护的经济后果,包括公司治理(Klapper et al.,2004;Chen et al.,2009)、企业债务(Cheng et al.,2007;Cho et al.,2014;Shah et al.,2017)、异常回报(Hagendorff et al.,2008)、企业价值(Hughes,2009;Agrawal,2013)。也有研究从金融危机(González,2016)和收购动机(Larrain et al.,2017)的角度分析法律保护如何与其他宏观因素相互作用,进一步影响企业运营。尽管以物权法的颁布作为自然实验条件研究法律保护对于企业投融资行为的影响非常重要，但是在公司层面上关于物权法产生的影响，尤其是物权法对内部资本市场与企业投融资行为之间关系的影响的证据还较为缺乏。

2.3.2　内部资本市场的文献评述

关于内部资本市场的研究主要分为两个方面：一是内部资本市场的影响因素以及测度方法；二是内部资本市场的作用后果，包括内部资本市场与外部资本市场的相互关系。较早的研究大多从内部资本市场的产生与发展的角度，研究多元化经营给企业内部及外部资源带来的影响。围绕内部资本市场与外部资本市场、关注内部资本市场效率的研究也较为多见。一种观点认为，内部资本市场可以缓解信息不对称问题，完善监督激励机制，缓解融资约束，从而提高内部资本配置的效率。另一种观点认为，由于存在滥用自由现金流问题、代理问题、寻租问题、交叉补贴问题、平均主义现象等，内部资本市场在企业内部配置资本是低效率的，甚至是无效率的。随着内部资本市场研究的深入，也有相关文献从公司治理（吴成颂，2011）、公司绩效（张会丽 等，2011；郑国坚 等，2016）、现金持有（蔡卫星 等，2016）、激励政策（龚志文 等，2017）、风险传导（纳鹏杰 等，2017）、组织结构（危平 等，2017）等方面开展研究。其他研究还涉及内部资本市场的间接影响，如企业研发（黄俊 等，2011）、企业创新（王超恩 等，2016）、均衡资本配置模型（钱雪松，2013；龚志文 等，2017）。但是从物权法角度考察内部资本市场效率的影响因素的研究仍然不足，而且已有研究存在很多内生性问题。基于此，我们将2007年物权法的颁布作为切入点，研究法律保护和内部资本市场对于企业投融资行为的直接影响和间接影响，包括对企业层面的大股东掏空行为、融资约束以及企业创新的影响。

第 3 章 制度背景与理论基础

本书的主要目的是证实物权法能够抑制大股东掏空行为、改善企业融资约束并促进企业创新。为了实现上述目标,本章介绍了物权法的制度背景并讨论了研究中使用的基本理论,即委托代理理论、有效市场理论、信息不对称理论、法与金融理论以及融资优序理论。通过对理论基础的阐述,我们试图为本书后续研究提供支撑和奠定基础。

3.1 制度背景

3.1.1 我国物权法制度概况

我国起草物权法的工作自 20 世纪 90 年代初启动,历经 10 多年,物权法由最高立法机关先后审议了 8 次,在 2007 年 3 月 16 日第十届全国人民代表大会第五次会议上通过。物权法的制定和颁行是我国法治进程中的里程碑,对我国经济、社会发展和社会主义和谐社会建设具有深远的影响。

物权法是大陆法系国家民法典的重要组成部分,通常作为民法典的一编,即物权编。《中华人民共和国物权法》第二条明确指出物权是指权利人依法对特定的物享有直接支配和排他的权利。实质上,物权仍然是人与人之间的财产关系,而不是人与物之间的关系。产权是权利人对特定对象享有的物权。另外,产权主要是控制一个机构的权利。《中华人民共和国物权法》第二条也强调权利人直接控制其财产。所谓的"直接"反映了产权意愿与财产的直接联系,即产权人完全可以根据自己的意愿在没有他人干预或协助的情况下实现自己的权利。

由于产权类型不同,各类产权具有不同的效应,但各种产权具有一定的共同效应。产权以支配性为主导,以排他性和优先权为两翼,形成所谓的"三位一体"概念。《中华人民共和国物权法》第二条规定:"本法所称物权,是指权利人依法对特定的物享有直接支配和排他的权利,包括所有权、用益物权和担保权。"所谓用益物权是一种非所有人享有的使用和获得他人之物的权利。所谓担保权是指债务人或第三人为确保债权的实现而提供特定对象或权利作为标的的有限物权。将受益权作为一种产权使用侧重于财产的使用价值。

物权法可以在社会生活中发挥应有的作用。自罗马法实施以来,传统大陆法系国家物权法的核心价值主要是确定对象的合法所有权,从而实现界定产权的决定作用。随着市场经济的发展,物权法的价值也发生了变化。传统上,它强调对静态资产的保护,以及对动态交易安全的维护。物权法中的善意取得、披露原则和公众信任等的确立反映了其价值的演变。《中华人民共和国物权法》第一条规定:"为了维护国家基本经济制度,维护社会主义市场经济秩序,明确物的归属,充分发挥物的效用,保护权利人的物权,根据宪法,制定本法。"法律界定了物权法的基本功能。总之,物权法的主要功能涉及3个方面,即谁是客体,如何使用客体,以及如何在被侵权后保护客体。换句话说,它指的是对产权的确认和对产权的保护,因为产权的本质在于特定的客体属于相应的权利主体,并直接受权利主体的控制和享有该客体的利益。以此为前提,排除他人滥用或干扰。物权法通过确认和保护产权维护国家的基本经济制度,规范社会主义市场经济秩序。总之,物权法主要有以下3个功能。

1. 确认产权

物权法主要调整因财产的使用而产生的关系,所以物权法的主要功能是确认产权。早在《管子·七臣七主》中就有"定分止争"的用法:"夫法者,所以兴功惧暴也;律者,所以定分止争也;令者,所以令人知事也。"商鞅在《商君书·定分》中说:"一兔走,百人逐之,非以兔为可分以为百,由名之未定也。夫卖兔者满市,而盗不敢取,由名分已定也。故名分未定,尧、舜、禹、汤且皆如鹜焉而逐之;名分已定,贪盗不取。"这就说明,只有确认产权、明确物的归属,才能定分止争。定分就是定名分,也就是确定归属。定分止争是指只有定名分,才能够防止纷争。我国宪法明确规定我国实行社会主义市场经济体制,市场经济建设首先要明确产权,使权责明确,这样才能使交易顺利进行。一方面,只有进行明确的产权界定才能为有效利用财产创造前提。自愿交易只能在产权清晰的基础上进行,只有自愿交易才能有效利用资源,优化资源配置。物权归属的确定能够有效防范各种掠夺性商业行为,减少产权纠纷,帮助人们稳定地开展生产活动,增加社会总产值。法律的目的是解决由于资源稀缺所造成的社会关系紧张问题,债权是关系规范,物权是定分规范。如果产权规范缺位,产权不明晰,权利保护不足,那么资产使用效率会大幅降低。另一方面,物权法通过产权界定不仅能维护财产秩序,促进资源优化配置,还能通过解决纠纷达到物尽其用的目的,在安定有序的财产秩序下,每个人尽其才智发挥物的最大效用,整个社会的生产效率就会提高,总财富就会增加。

物权法确认产权的功能主要表现在以下方面。一是物权法中的物权法定原则、公示原则就是确认产权的基本规则和法律框架。物权法的目的就是通过物权体系的确认,明确各种物权的类型、内容和公示方法,并且规范各种物权之间的关系。这样我们就可以明确各个主体之间的权利、义务关系,防止发生纠纷。例如,城市的土地属于国家所有,虽然国务院有权代表国家,但是国务院不能对土地进行商业开发,只能设立建设用地使用权。在建设用地使用权之上,还可以再设立地役权。此外,建设单位还可以出于融资目的将土地使用权抵押出去,之后可以出售在建房屋,使小业主享有一定的权利。物权法就是要调整物权之间的复杂关系,对各类物权定分止争。二是物权法承认国家、集体以及个人享有的物权,确认了各类实体享有的他物权,并在此基础上充分保护了各类主体享有的物权,如农村承包商的承包经营权、住宅业主对建筑物的权利。这类权利如何界定、归属何种类型在法律原则上一直存在争议,在不确定其法律层面的归属的情况下很难通过法律对这类权利进行保护。例如,物权法确认承包经营权是一项物权,所以当第三方侵犯这项权利时物权法可以给予相应的司法保障。又如,社区车库、停车位和绿地的所有权在法律上没有明确的规定,这就容易引起实际生活中的纠纷,处理方法也存在争议。物权法明确了这些财产的所有权,有助于保障物权人的权利。三是物权法通过规定物权确认请求权保护产权的归属。产权纠纷发生后,必须有产权界定机制,只有进行明确的产权界定,才能切实保护各类物权。

2. 物尽其用

所谓物尽其用,是指明确权利人享有的物权和对物的保护,充分发挥物的效用。在现代社会,资源稀缺,特别是土地和自然资源已经不能满足人类日益增长的需求。解决这一问题的主要途径是充分利用物的价值,提高资源的利用效率。现代物权法以效率为重要目标。从经济学的角度出发，资源都是稀缺的，良好的法律规范、法律制度和法律活动能够有效地减少人们在创造财富过程中产生的不必要的纠纷，促进资源分配和利用，兼顾公平与效率，以达到帕累托最优。虽然从法律实践的角度来看，扩大效益的合理性只是其中的一个部分，但它确实有必要作为物权法立法的基本价值，作为一种缓解因资源稀缺而引发的紧张关系的法律手段。物权法的作用是界定财产所有权，明晰产权，以达到在产生纠纷时作出判断和维护社会秩序的目的。更重要的是，物权法通过保障个人权利带动社会财富创造和协同发展，更好地满足人类需求，无论是从物权法自身的演变来看还是从社会体制的结构来看，物权法都需要优化资源配置，提高社会效益。

物权法"从属性到使用"或"从一切到使用"的历史反映了最佳使用的基本价值。因此，现代物权法除了具有界定财产所有权和界定产权的功能外，还显示出其重点在于最大限度地发挥资源的有效性以获得最佳的经济效益和社会效益。《中华人民共和国物权法》第一条规定，物权法的目的之一是发挥物的效用。这一原则体现在许多产权制度中。

首先，物权法体现了共有和相邻关系制度。在共有制度之中，突出了物尽其用的功能。例如，《中华人民共和国物权法》第九十七条规定："处分共有的不动产或者动产以及对共有的不动产或者动产作重大修缮的，应当经占份额三分之二以上的按份共有人或者全体共同共有人同意，但共有人之间另有约定的除外。"这减少了协商成本并促进了共有财产的有效利用。《中华人民共和国物权法》第九十九条规定，共有人约定不得分割共有的不动产或者动产，但共有人有重大理由需要分割的，可以请求分割。即使共同分享，在共有性丧失的基础上或者有重大理由需要分割时，共有人也可以请求分割，这样的规定是对物尽其用精神的充分体现。

其次，物权法强化了用益物权，通过优化资源配置，充分保证对物的利用效率。在市场经济条件下，土地不动产的使用越来越强调效益，使用权在社会生活中的作用越来越突出。现代社会已经出现了"从所有到利用"的发展趋势，用益物权比任何时候都显得重要。因为就不动产而言，人们更多地关注土地和其他资源的使用情况和收益，只有这样，我们才能鼓励权利人合理地使用资源，充分发挥权利人手中的使用权利，促进社会经济发展，最大限度地优化资源配置。

再次，物权法极大地扩大了担保物的范围，不仅允许现有财富的抵押，还允许在建工程的抵押。物权法规定了动产的浮动抵押，扩大了质押的范围。而且，物权法还规定，只要法律、行政法规没有禁止抵押的财产，都可以设置抵押贷款。这些制度都有利于扩大担保的范围,促进融资和物尽其用。另外,物权法极大地简化了担保物权实现的程序,节省了担保物权实现的费用,有助于有效利用资源。

3. 保护物权

物权法的立法宗旨是保护物权。法律可以通过承认和保护财产来鼓励财富创造,促进社会就业,最终提高人民的生活水平。法律的这一职能主要是通过物权法实现的,如果没有一套完整的财产认定和保护规则,物权的实现和利益的享受都是不确定的。人们既不会进行所谓的持续生产,也很难对投资和购买物业抱有信心。保护物权实际上是法治的基础。我国物权法保护产权的基本原则是平等保护原则。物权法不仅在宏观层面上强调保护公共财产,而且在微观层面上强调保护个人财产的所有权,对各类财产实行一体对待和平等保护。

物权法通过对物权的确认和保护,巩固了基本经济制度,维护了社会秩序。任何国家的物权法都以维护其基本经济制度为目的,所有权是反映所有制关系的,所有制在法律上的反映就是所有权和其他物权制度,建立物权制度的首要目的是维护所有制关系。在西方国家,其基本经济制度是私有制,故而其物权法的基本目的在于保护私有财产。西方国家物权法中的产权主要就是私有物权,因此其对所有权的保护本质上是对私有制的保护。我国物权法也以维护基本经济制度为首要目标。我国宪法确认了以公有制为主体、多种所有制经济共同发展的基本经济制度。该制度必须通过物权法加以贯彻和维护。我国社会主义公有制必须经过物权法层面的贯彻,通过物权法律关系的界定明确权利归属,体现权利义务内容,只有这样才能充分发挥公有制的优越性。为了维护国家基本经济制度并指导生产实践,物权法设立了专门的章节来体现所有权制度,对包括国家所有权、集体所有权和私人所有权在内的法律关系设置了比较完备和明确的规范。物权法实行平等保护原则,对于各类财产所有权实行一体对待和平等保护。为防止国有资产流失,物权法还专门规定了对国有资产的保护制度。物权法完善了集体所有权,进一步强化了对私有物权的保护,有利于维护国家的基本经济制度。总之,物权法主要有以下3个功能,即确认产权、物尽其用和保护物权。而物权法也就是关于确认产权、物尽其用和保护物权的法律规则。

3.1.2 国内外物权法比较分析

如表3-1所示,根据普通法系、德国大陆法系、法国大陆法系和斯堪的纳维亚大陆法系，LLSV将49个国家划分为4个组。研究发现普通法系国家为外部投资者提供了最强有力的法律保护，法国大陆法系对外部投资者的保护程度最低，而德国大陆法系国家和斯堪的纳维亚大陆法系国家则介于两者之间。普通法系（或判例法系）是继承中世纪英国法律传统的所有国家法律制度的总称。英国、美国、澳大利亚、新西兰等英语国家和地区的法律体系都属于普通法系。德国、意大利、荷兰、葡萄牙、西班牙等国家以及拉美国家和亚洲的许多国家都属于大陆法系。

表3-1 物权法比较分析

	普通法系（18个）	法国大陆法系（21个）	德国大陆法系（6个）	斯堪的纳维亚大陆法系（4个）	世界平均（49个）
A栏：股东保护指数					
防董事指数	4.00	2.33	2.33	3.00	3.00
邮寄投票权	39%	5%	0%	25%	18%
无阻碍出售权	100%	57%	17%	100%	71%
累计投票权或小股东投票权	28%	29%	33%	0%	27%
少数股东侵害	94%	29%	50%	0%	53%
优先权	44%	62%	33%	75%	53%
召开临时股东大会的股权比例	94%	52%	0%	0%	78%
B栏：债权人保护指数					
债权人保护指数	3.11	1.58	2.33	2.00	2.30
非自动扣押抵押品	72%	26%	67%	25%	49%
有抵押债权人的优先获偿权	39%	65%	100%	100%	81%
重组限制	72%	42%	33%	75%	55%
管理者重组限制	78%	26%	33%	0%	45%

虽然英美法系对于债权与物权进行了严格的区分，但是在法律条文中并没有针对债权这个概念进行规定的条款，而且英美法系皆以案例法为主，因此不便与我国物权法进行比较。所以我们主要将德国物权法与我国物权法进行比较分析。德国物权法是《德国民法典》第三编的内容，《德国民法典》于1896年公布，并自1900年

1月1日起施行。经过多次修订以及对条文的废止和增添,它的基本结构、基本内容和条文顺序基本上没有发生大范围的改变。在19世纪的德国,出现了多重私法制度和体系共存、法律执行和民事立法十分混乱的现象,包括法国法、普鲁士法、巴伐利亚法、撒克逊法、奥地利法、丹麦法和普通法在内的各种法律体系互相倾轧。这种法律上的严重差异与当时不断增强的民族意识是一脉相承的,严重制约了工商业的发展。为了统一这些法律,德国于1874年成立了筹备委员会,其负责制订起草民法典的计划,《德国民法典》经国会讨论后通过。

德国物权法的主要特点:一是将地上权划分为独立的物权,并建立了两种用益权;二是将权利确立为产权的对象,并形成了用益物权、权利质权等,同时对抵押权与质押权进行了严格区分,抵押权仅适用于房地产,质押权适用于动产和权利;三是保留了土地债务和定期土地债务等一些封建法律。德国物权法对促进债权人保护做出的规定如表3-2所示。

表3-2 德国物权法的相关规定

条目	内容
第三编第八章	第1208条 物设定有第三人的权利的,质权优先于此权利,但质权人在取得质权时对此权利非为善意的,不在此限。相应地使用第932条第1款第2句、第935条和第936条第3款的规定
第三编第八章	第1209条 即使质权是为将来的或者附条件的债权设定的,质权的顺位仍然依设定的时间确定

我国的产权立法选用了德国法律的概念和理论体系。它不仅继承了德国法律制度准确、易于引入、使用方便的特点,而且保留了中国特色。在民法法系国家的民事立法中,产权法被列入民法典。作为民法典分编的一部分,它被称为物权编或物权篇。在英美法系中,物权法的法律部门规定了物权,但它不仅与民法法系中的判例法有所不同,而且在具体的权利类型和规则方面也有所不同。此外,我国物权法明确规定了国家在社会主义初级阶段,坚持公有制为主体、多种所有制经济共同发展的基本经济制度,并规定了独创性的物权种类,体现了鲜明的中国特色。例如,我国物权法规定,建筑物所有者区分所有权、共同所有权、邻接权(邻接关系)、土地承包经营权、建设用地使用权、宅基地使用权、地役权、特许经营权、抵押权。我国物权法对促进债权人保护做出了很多规定,如表3-3所示。

表 3-3 我国物权法的相关规定

条目	内容
第四编第十五章	第一百七十条 担保物权人在债务人不履行到期债务或者发生当事人约定的实现担保物权的情形,依法享有就担保财产优先受偿的权利,但法律另有规定的除外
第四编第十五章	第一百七十三条 担保物权的担保范围包括主债权及其利息、违约金、损害赔偿金、保管担保财产和实现担保物权的费用。当事人另有约定的,按照约定
第四编第十五章	第一百七十四条 担保期间,担保财产损毁、灭失或者被征收等,担保物权人可以就获得的保险金、赔偿金或者补偿金等优先受偿。被担保债权的履行期未届满的,也可以提存该保险金、赔偿金或补偿金等
第四编第十六章	第一百七十九条 为担保债务的履行,债务人或者第三人不转移财产的占有,将该财产抵押给债权人的,债权人不履行到期债务或者发生当事人约定的实现抵押权的情形,债权人有权就该财产优先受偿。前款规定的债务人或者第三人为抵押人,债权人为抵押权人,提供担保的财产为抵押财产
第四编第十六章	第一百八十一条 经当事人书面协议,企业、个体工商户、农业生产经营者可以将现有的以及将有的生产设备、原材料、半成品、产品抵押,债务人不履行到期债务或者发生当事人约定的实现抵押权的情形,债权人有权就实现抵押权时的动产优先受偿
第四编第十七章	第二百零八条 为担保债务的履行,债务人或者第三人将其动产出质给债权人占有的,债务人不履行到期债务或者发生当事人约定的实现质权的情形,债权人有权就该动产优先受偿。前款规定的债务人或者第三人为出质人,债权人为质权人,交付的动产为质押财产
第四编第十八章	第二百三十条 债务人不履行到期债务,债权人可以留置已经合法占有的债务人的动产,并有权就该动产优先受偿。前款规定的债权人为留置权人,占有的动产为留置财产

由此可见,德国物权法和我国物权法对于债权人保护方面的法律条文框架结构和铺排各异,德国物权法在叙述方式上更为提纲挈领,而我国物权法则更适用于不同的具体情境。例如,德国物权法第 1208 条指出:"物设定有第三人的权利的,质权优先于此权利,但质权人在取得质权时对此权利非为善意的,不在此限。"而《中华人民共和国物权法》一百七十条则明确指出:"担保物权人在债务人不履行到期债务或者发生当事人约定的实现担保物权的情形,依法享有就担保财产优先受偿的权利,但法律另有规定的除外。"《中华人民共和国物权法》第一百七十九条也

规定:"为担保债务的履行,债务人或者第三人不转移财产的占有,将该财产抵押给债权人的,债权人不履行到期债务或者发生当事人约定的实现抵押权的情形,债权人有权就该财产优先受偿。"单就债权人保护的相关条文而言,我国物权法关于债权人保护的条文更为完善,也更为具体。

3.2 理论基础

3.2.1 委托代理理论

Meckling 和 Jensen(1976)提出代理成本的概念,深入分析其所包含的激励内容本质,并运用它来研究企业控制的市场理论。随后 Jensen 建立了自由现金流假说,认为管理者自利动机会带来对自由现金流的滥用。产权理论对此给出了更为正式的表述(Grossman et al.,1986;Hart et al.,1990)。委托代理理论的起源来自信息不对称的不同表现形式。Meckling 和 Jensen(1976)认为,当股东与债权人之间存在信息不对称问题时,由于有限责任,代表股东的管理者将承担高风险投资项目以获取更高的风险回报率,但在失败的情况下,则将风险转嫁给债权人。

Scharfstein 和 Stein(2000)通过双层代理模型描述了外部投资者与经理以及企业所有人与经理的利益冲突。集团总部本身不是最终投资者,它也可能从外部资本市场募集资金。因此,集团总部及其首席执行官的利益不能充分代表股东的利益,而只代表他们的私人利益。内部资本市场被质疑效率低下的主要原因在于集团总部不是剩余控制权的最终所有者,集团总部和部门经理都在追求部门利益最大化,在很多情况下,集团总部和部门经理之间的私下交易会导致投资者利益受损,阻碍企业外部融资。内部资本市场一直被质疑会错误地将资本分配给效率低下的项目。在这种情况下,企业内部资本市场的效率降低会导致投资者利益受损,进而影响企业的价值。

3.2.2 有效市场理论

有效市场理论是大多数会计学术研究的前提,也是会计实践和学术研究领域中非常重要的内容。该理论认为有效市场包括3个层面：一级有效市场是弱式有效的，即股价只反映企业以往的信息；二级有效市场是半强式有效的，即股价反映企业所有的公开信息；三级有效市场是强式有效的，即股价反映了企业所有的信息。然而信息不对称问题的影响始终存在，股票市场很难达到强式有效，还会产生双层代理问题，尤其是在我国这样一个信贷市场不发达、融资渠道狭窄的金融市场中。投资者所做决策的依据大多数是从公开市场中获得的信息，在强式有效或半强式有效的市场中，由于公开信息的存在，企业无法长期隐瞒其现有的财务问题，公众最终会了解企业现存的问题。与此同时，如果企业具备良好的运营状况和财务状况，那么对企业信息的充分披露也可以促使投资者作出粗略的判断或估计，进而帮助投资者更好地进行投资决策，从而缓解企业的融资约束问题。目前的学术研究主要基于强式有效的市场（即企业的信息能够迅速地被吸收并反馈到资本市场中）。但在实践中，即使是曝光度非常高的企业，其内部信息仍然很难被投资者及时准确地获得，导致出现上市企业信息和债权人决策的错配和失当问题。这就意味着从投资者的角度而言，法律对投资者的保护水平直接决定了其投资的意愿以及方式，这间接影响了企业内部资本市场的运行。

3.2.3 信息不对称理论

信息不对称现象在商业交易中普遍存在。逆向选择是信息不对称的一种产物，其中一个或多个交易参与者或潜在交易参与者具有超过其他参与者的信息优势。与外部投资者相比，企业管理层（或其他内部人员）拥有更多有关业务状况和未来发展前景的信息。他们可以利用信息优势通过牺牲外部投资者的利益来寻求自己的利益。道德风险是信息不对称的另一种产物。管理层可以利用私有信息在股市的交易行为中获利，此外管理层也可能会消极怠工，由于监管成本的存在，投资者很难判断管理层是否在努力工作，这会妨碍投资者进行决策。外部投资者也会意识到这一点，他们会怀疑公开的信息是否真实可靠。一些投资者会放弃以前的投资意向，导致资本市场的运作效率降低。一方面，企业管理层可以通过公开披露的财务报告，将企业目前的财务状况、运营情况以及未来发展情况有效地传递给投资者，在降低信息不对称程度的同时促进企业投融资的实现。另一方面，从政策法律层面、企业治理层面对于投资者的保护可以有效地减少由于信息不对称产生的代理问题,使得投资者参与企业的监督与治理的动机更强烈,改善大股东掠夺行为,促进资本市场协同发展。

3.2.4 法与金融理论

法与金融理论是在 20 世纪 90 年代后期产生的,目前尚未形成完整的理论体系。1998 年,包括 Laporta、Lopez-de-Silanes、Shleifer 和 Vishny(LLSV)在内的 4 位学者发表了法与金融理论的开创性文献,这标志着法与金融理论的产生。

Zingales 和 Rajan(2003)认为,投资者保护水平的提高和金融体系的建立是政治力量的直接后果。好的法治环境和大的法律执行力度能够为债权人提供稳固的支持,有效地缓解国家层面的经济运行问题和微观层面的企业融资问题。也有学者认为,文化价值决定了投资者的法律保护水平,是否赋予投资者更多的合法权利与一个国家的社会文化价值体系有关。法与金融理论主要关注法律层面的差异如何为金融体系带来影响,进一步考察这种影响的作用机制是如何形成的。法与金融理论强调法律环境因素对金融实体行为和金融体系的影响,研究内容主要涉及法律制度与金融发展、法律与公司成长。从公司层面而言,法与金融理论涉及法律制度质量和公司所有权、融资成本和公司规模增长、投资者保护和公司治理等问题。

3.2.5 融资优序理论

以信息不对称理论为基础并考虑交易成本的存在,Myers 和 Majluf(1984)认为公司为新项目融资时,将首先考虑使用内部的盈余,其次采用债券融资,最后才考虑股权融资。也就是说,公司可以通过内源融资和构建内部资本市场缓解融资约束,当存在公司外部投资者与内部经理人之间信息不对称问题时,由于外部投资者不了解公司的实际类型和经营前景,其投资意愿会有所减弱,进一步抑制了债务融资,引起研发投入减少和公司价值减损。所以,我国物权法赋予了债权人抵押物处理和优先受偿等多项权利。《中华人民共和国物权法》第一百七十条规定:"担保物权人在债务人不履行到期债务或者发生当事人约定的实现担保物权的情形,依法享有就担保财产优先受偿的权利,但法律另有规定的除外。"同样也有条款用于保护债权人的持有资产。《中华人民共和国物权法》第一百七十四条规定:"担保期间,担保财产毁损、灭失或者被征收等,担保物权人可以就获得的保证金、赔偿金或者补偿金等优先受偿。被担保债权的履行期未届满的,也可以提存该保险金、赔偿金或者补偿金等。"《中华人民共和国物权法》第一百九十三条允许抵押权人要求抵押人取消或搁置资产的不当使用,而且抵押权人有权利要求抵押人恢复抵押资产的原始价值,或者为贬值部分提供相应的资金补偿。因为物权法显著加大了私企所属物权的保护力度,增加了债权人的权利,提高了债权人对抵押物的保护能力,促进了外部融资的增长。一方面,负债的增长会使得债权人参与企业的日常运营工作以及对企业的经营状况进行监督的动机更强。另一方面,债权人能通过监督深入了解企业的财务状况和资源配置情况,从而更愿意为企业提供灵活优惠的融资条款。这进一步改善了企业的融资约束。

第4章 物权法、内部资本市场与反掠夺效应

最终控制人出于自身利益最大化的动机,在控制权与现金流权显著分离的情况下会利用内部资本市场的便利条件通过内部资金占用和借贷,将外部股东的财富从上市公司转移到最终控制人拥有较多股份的关联公司。掏空等财富转移问题的存在严重影响了内部资本市场的效率。2007年3月16日,第十届全国人民代表大会第五次会议通过了《中华人民共和国物权法》,其自2007年10月1日起施行。物权法包含了能够在很大程度上巩固私企物权的条款,不但赋予债权人扣留私企贷款所用抵押物的权利,而且规定在清算过程中债权人能够优先获得赔偿。物权法显著加大了私企所属物权的保护力度,增加了债权人的权利,提高了债权人对抵押物的保护能力,促进了外部融资的增长。一方面,负债的增长会使得债权人对企业的经营状况进行监督的动机更强烈。另一方面,为了获取债权人的信任,以更低的成本获得更多的外部资金,大股东有动机减少其对企业集团资产的掠夺行为。这两方面共同作用的结果是大股东掏空行为的显著改善。

物权法的制定是建立和完善中国特色社会主义法律体系的重要举措。《中华人民共和国物权法》第一百七十条规定:"担保物权人在债务人不履行到期债务或者发生当事人约定的实现担保物权的情形,依法享有就担保财产优先受偿的权利,但法律另有规定的除外。"同样也有条款用于保护债权人的持有资产。《中华人民共和国物权法》第一百七十四条规定:"担保期间,担保财产毁损、灭失或者被征收等,担保物权人可以就获得的保证金、赔偿金或者补偿金等优先受偿。被担保债权的履行期未届满的,也可以提存该保险金、赔偿金或者补偿金等。"《中华人民共和国物权法》第一百九十三条允许抵押权人要求抵押人取消或搁置资产的不当使用,而且抵押权人有权利要求抵押人恢复抵押资产的原始价值,或者为贬值部分提供相应的资金补偿。在物权法颁布之前,由于缺乏物权法的基本规则和法律框架,因

此已经颁布的企业破产法等法律也难以发挥其应有的作用。

本章贡献主要体现在3个方面。第一,以往文献对于内部资本市场效率的研究主要基于外部环境和企业特征的差异分析内部资本市场和外部资本市场的作用机制。本章试图从连续变量角度研究内部资本市场对大股东掏空行为的影响;同时,基于内部资本市场活跃程度的核密度函数,将样本分为内部资本市场低活跃度样本、内部资本市场适度活跃样本和内部资本市场高活跃度样本3组,分别研究这3组样本中内部资本市场对大股东掏空行为的影响,以此来体现内部资本市场不同活跃程度对大股东掏空行为影响的差异;更重要的是,本章发现,内部资本市场活跃程度对大股东掏空行为的影响存在区间效应。在内部资本市场低活跃度样本和适度活跃样本中,内部资本市场活跃程度与大股东掏空行为之间存在正相关关系,且相比于内部资本市场适度活跃样本,内部资本市场低活跃度样本中内部资本市场活跃程度对大股东掏空行为的影响更大。在内部资本市场高活跃度样本中,内部资本市场活跃程度与大股东掏空行为之间存在正相关关系,且相比于内部资本市场低活跃度样本和适度活跃样本,内部资本市场高活跃度样本中内部资本市场活跃程度对大股东掏空行为的影响更大。第二,由于法律制度变革中自然实验的稀缺性,只有少数研究尝试使用外生法律变革经验证据研究法律与大股东掏空行为之间的关系。本章研究发现,在物权法颁布后大股东掏空行为显著减少;同时,在物权法颁布的背景下研究内部资本市场活跃程度与大股东掏空行为之间的关系,发现物权法能够协同内部资本市场抑制大股东掏空行为。第三,本章发现物权法对于地区法律执行力度更小、信息不对称程度更高的企业的大股东掏空行为的改善更为显著,这些结果表明物权法具有反掠夺效应。这对企业集团内部资本市场发挥积极作用、对我国进一步完善物权法和推进法治建设以及加强证券市场监管均有重要意义。

4.1 理论推导与假设提出

以往的文献指出内部资本市场具有掠夺效应,金字塔控股结构不但具有对外融资优势,而且使控制权和现金流权显著分离,为大股东利用灵活隐蔽的内部资金转移手段掏空上市公司创造了条件。我国资本市场的投资者保护程度较低,债权人常常要面临信息不对称引发的各种问题而无法对企业进行有效的监督,因此控股股东借助于内部资金转移从掏空行为中获得私有财富的动机更强烈(邵军 等,

2007；杨棉之，2006）。大股东主要通过占款、关联交易和股利分红等形式侵占公司的利益（李增泉 等，2004；Jiang et al.，2010；曹廷求 等，2016）。以往文献验证大股东在集团内部的利益输送现象主要通过考察大股东与上市公司各种形式的关联交易（Jian et al.，2010；Peng et al.，2011）、关联交易事件公告的市场反应（Cheung et al.，2006）以及更直接的资金占用（Jiang et al.，2010）等。更多的经验证据显示，企业集团内部形成的资本市场和要素市场为大股东掏空行为提供了运作平台，大股东可以方便地通过构建内部资本市场使用关联交易、资金占用等手段进行利益输送（Khanna，2000；Jian et al.，2010；Jiang et al.，2010），并且内部资本市场具有多钱效应和活钱效应（Matsusaka et al.，2002），可能会使集团整体融资能力增强，因此成员企业会面临更少的融资约束问题从而引发过度投资。李增泉等（2004）及黎来芳等（2008）支持企业集团的掏空功能假说，他们研究指出附属于企业集团的上市公司被大股东占用了更多的资金。因此，本章提出如下假设：

H_1：内部资本市场具有掠夺效应。

万良勇和魏明海（2009）发现上市公司所处集团的内部资本市场对其债务融资存在双重效应，即替代效应与掠夺效应并存：一方面，集团可以通过构建内部资本市场缓解融资约束，在一定程度上替代债务融资；另一方面，受制于大股东代理问题，内部资本市场因其灵活性和隐蔽性容易成为大股东掠夺上市公司债务资金的重要工具。大股东并不总是掏空上市公司，有时为了获取控制权的长期收益也会通过内部资本市场向上市公司输送资源（Friedman et al.，2003；Bai et al.，2004；Gonenc et al.，2008；Dow et al.，2009）。Khanna（2000）和Friedman（2003）等认为企业集团的内部资本市场一方面为大股东掠夺行为提供了运作平台，另一方面也为大股东支持行为提供了便利渠道。关于控股股东支持行为影响因素的研究比较少，只有为数不多的几篇（Kim，2004；Islam et al.，2007；Jian et al.，2010）。Kim（2004）和Islam等（2007）指出集团内部资本市场的资本配置行为能够缓解成员企业的融资约束，企业集团内部大股东监督能力的增强能够有效抑制下属上市公司的过度投资行为。更多的经验证据指出，大股东可以方便地通过企业集团内部资本市场掏空上市公司，利用关联交易、资金占用等手段进行利益转移。邵军和刘志远（2007）、万良勇（2006）等也得出了类似的结论，他们分别基于对国光瓷业、"华立系"和"三九系"的研究指出内部资本市场为大股东进行关联交易、侵占中小股东利益提供了平台。刘星等（2010）发现大股东的掏空行为和支持行为与上市公司资本投资显著相关。国有企业内部资本市场配置功能中存在支持与掏空两种效应。而民营企业集团内部资本市场已在某种程度上异化为大股东掠夺的渠道。构建内部资本市场既可能优化资源配置、缓解融资约束,也可能在公司治理水平低的情况下扭曲内部资本市场的核心功能。因此,本章提出如下假设:

H_2:内部资本市场对大股东掏空行为的影响存在区间效应。当内部资本市场活跃程度较低时,内部资本市场活跃程度与大股东掏空行为之间呈正相关关系;当内部资本市场活跃程度较高时,相比于内部资本市场低活跃度样本,内部资本市场活跃程度对大股东掏空行为的影响更大。

由于新兴市场中的法律法规和公司治理机制不完善,因此控股股东可以利用其手中的控制权转移公司的资源,同时只按照现金流权比例承担损失(Barclay et al.,1989;La Porta et al.,1999;Claessens et al.,2000)。Boubakri 和 Ghouma (2010)发现在控制权和现金流权分离的情况下,控股股东有动机使用过度投资的方式侵害债权人的利益,这增加了公司破产的风险。债权人会通过引进法律这一外部治理机制解决代理冲突问题,通过诉讼参与公司治理,保护自身利益。加强法治有助于增加私人部门获得的银行信贷份额,促进外部融资的增长(王彦超 等,2016)。好的法律环境能够完善公司治理环境(王鹏,2008;陈德球 等,2013)、降低权益融资成本(沈艺峰 等,2005)、优化债务资金配置(张健华 等,2012)、提升企业投资效率(万良勇,2013)。在企业面临财务困境时,法治监管对大股东非法占用资金行为的治理作用非常明显,且不受其他治理因素的影响(郑国坚 等,2013)。物权法的颁布显著加大了私企所属物权的保护力度,增加了债权人的权利,提高了债权人对抵押物的保护能力。一方面,负债的增长会使得债权人对公司的经营状况进行监督的动机更强烈。另一方面,为了获取债权人的信任,以更低的成本获得更多的外部资金,大股东有动机减少其对企业集团资产的掠夺行为。这两方面共同作用的结果是大股东掏空行为的显著改善。因此,本章提出如下假设:

H_3:物权法的颁布能够显著改善大股东掏空行为,即物权法具有反掠夺效应。

少数学者从关联交易的角度考察发现,控股股东会根据上市公司的财务状况,通过各种方式进行支持和掏空,这些方式包括资产销售和处置、资产兼并和收购以及资金占用等。这就意味着在不同外部因素作用下内部资本市场发挥的作用存在差异。例如,有研究发现关联交易有助于构建内部资本市场并发挥共同保险的作用(邵毅平 等,2012),或达到公司避税的目的(黄蓉 等,2013)。也有研究发现内部资本市场成为控股股东掏空的工具(邵军 等,2007;杨棉之,2006;Cheung et al.,2009;肖迪,2010;Kang et al.,2014)。2007 年物权法的颁布在促进负债增长的前提下能够显著改善债权人监督激励,同时抑制大股东掏空行为。一方面,物权法的颁布能够带动内部资本市场改善债权人激励,优化内部资本市场的资源配置功能。另一方面,内部资本市场能够凭借其信息优势和便利渠道服务于物权保护

并减少过度投资和代理问题。进一步而言,物权法能与内部资本市场共同发挥反掠夺效应。因此,本章提出如下假设:

H_4:物权法的颁布会削弱企业内部资本市场和大股东掏空行为之间的正相关关系。

4.2 研究设计

4.2.1 数据来源与样本选择

我们通过各公司的母公司是否设立财务公司来衡量公司是否存在内部资本市场虚拟变量 Group。由于中国企业为了实现资本运作常常设立复杂的控制链条进行交叉持股,因此本章通过以下步骤来收集数据:按照中国财务公司协会(China National Association of Finance Companies,CNAFC)提供的中国财务公司名单搜索该财务公司所隶属的母公司,依次获取财经网站官方披露的母公司旗下的上市公司名单,最终得到样本期间上市公司内部资本市场虚拟变量 Group 数据。

本章基于 2001—2016 年沪深两市的所有(32 543 个)上市公司的公司-年度观测,并进行如下筛选:①剔除金融保险业上市公司;②由于随后的分析需要使用上一年度的数据,因此剔除了上市时间少于一年的观测;③剔除其他数据缺失的样本公司。我们最终获得 14 018 个样本观测值。对主要的连续型变量在上下 1% 处进行 Winsorize 处理以排除异常值的干扰。同时,在所有回归中对标准误进行公司维度的 Cluster 处理以控制潜在自相关问题。所有实验数据均来自国泰安(CSMAR)和万德(WIND)金融数据库。

4.2.2 研究模型与变量定义

为了检验前文提出的研究假设,本章建立了以下实证模型。

第一,为了检验内部资本市场对大股东掏空行为的影响,建立了模型(4-1)。其中,被解释变量为大股东掏空行为,解释变量为内部资本市场活跃程度。在回归分析过程中,加入影响大股东掏空行为的主要控制变量。具体模型如下:

$$Ture_{it} = \beta_0 + \beta_1 \times ICM_{it} + B \times Controls + \varepsilon_{it} \tag{4-1}$$

第二,现有研究认为内部资本市场会使大股东掏空行为恶化,没有尝试用区间效应解释内部资本市场对大股东掏空行为的影响。参照谢军和黄志忠(2014),本章采用集团内公司对上市公司的财务资助来度量内部资本市场(即集团内公司给上市公司提供的资金总额取自然对数),将样本按照内部资本市场活跃程度划分为内部资本市场低活跃度样本、内部资本市场适度活跃样本与内部资本市场高活跃度样本3组,检验这3组样本下内部资本市场活跃程度对大股东掏空行为的影响是否有差异。基于模型(4-1)在全样本下以及内部资本市场低活跃度、内部资本市场适度活跃和内部资本市场高活跃度3组样本下,分别检验内部资本市场活跃程度与大股东掏空行为之间的关系,对假设 H_2 进行检验,即检验内部资本市场活跃程度与大股东掏空行为之间是否存在非线性关系。因此,本章在模型(4-1)的基础上加入内部资本市场活跃程度的二次项以进一步进行检验,具体模型如下:

$$\text{Ture}_{it} = \beta_0 + \beta_1 \text{ICM}_{it} + \beta_2 \text{ICM}_{it}^2 + B \times \text{Controls} + \varepsilon_{it} \quad (4-2)$$

第三,为了检验假设 H_3,首先本章分别在全样本下以及内部资本市场低活跃度、内部资本市场适度活跃和内部资本市场高活跃度3组样本下检验物权法与大股东掏空行为之间的关系。具体模型如下:

$$\text{Ture}_{it} = \beta_0 + \beta_1 \text{PRL}_{it} + B \times \text{Controls} \quad (4-3)$$

其中,解释变量 PRL_{it} 为虚拟变量,如果第 t 年处于物权法颁布后,则其取值为1,否则取值为0。然后本章检验3组样本下物权法和大股东掏空行为之间的回归关系是否存在差异。

第四,本章采用双重差分法检验假设 H_4。由于2007年物权法的颁布可以被视为准自然实验,我们按照物权法颁布前和物权法颁布后将样本划分为两组,通过双重差分模型检验在两组样本下,内部资本市场与大股东掏空行为之间的回归关系是否存在差异。Difference-in-Differences 模型由 Ashenfelter 和 Card(1984)在研究 CETA 训练项目学员收入结构的纵向变化时首次提出,并在经济、金融等领域得到广泛应用。Wooldridge(2007)指出,在自然实验中,由于处理组(Treatment Group,指受到政策影响的样本组)和控制组(Control Group,指未受到政策影响的样本组)均来自受到某项具体政策影响与否的特定群体而非随机,因此 Difference-in-Differences 模型可以较好地控制处理组和控制组之间的系统性差异,以研究处理组在某项政策实施前后所发生的变化。具体模型如下:

$$\text{Ture}_{it} = \beta_0 + \beta_1 \text{PRL} + \beta_2 \text{PRL}_{it} \times \text{Group} + \beta_3 \text{Group} + B \times \text{Controls} \quad (4-4)$$

具体的变量解释如下。

被解释变量:大股东掏空行为(Ture_{it}),通过其他应收款来度量。Jiang 等(2010)发现控股股东从上市公司借款是控股股东攫取中小股东资产的手段之一,

"其他应收款"科目能反映控股股东占用上市公司资金的情况;研究还指出,大股东掏空行为降低了企业的市值和会计收益,显著增大了企业成为ST公司的可能性。按照此思路,在本章中,我们用同年该公司"其他应收款"度量大股东掏空行为。本章采用双重差分模型进行回归分析,并对系数标准误进行时间行业聚类调整。

主要解释变量:内部资本市场活跃程度(ICM),通过集团内公司对上市公司的财务资助来度量,即集团内公司给上市公司提供的资金总额取自然对数。对于企业i是否具有内部资本市场虚拟变量(Group),如果企业i具有内部资本市场,则其取值为1,其他情况取值为0。对于第t年是否处于物权法颁布后虚拟变量(PRL),如果第t年处于物权法颁布后,则其取值为1,其他情况取值为0。

控制变量:表4-1列出了模型中各变量的定义。参考以往文献(Berkowitz et al.,2015),模型(4-1)纳入了一系列控制变量,包括:公司特征相关的变量,如公司规模、财务杠杆、固定资产比例、产权性质;公司治理相关的变量,如董事会独立性、公司成长性、两权分离程度。我们还控制了行业和年度固定效应。

表4-1 变量定义表

变量类别	变量代码	变量名称	变量定义
被解释变量	$Ture_{it}$	大股东掏空行为	第t年末其他应收款数额
解释变量	PRL_{it}	物权法	第t年是否处于物权法颁布之后虚拟变量,是则取1,否则取0
	ICM_{it}	内部资本市场活跃程度	集团内公司对上市公司的财务资助,即集团内公司给上市公司提供的资金总额取自然对数
	$Group_{it}$	内部资本市场虚拟变量	企业是否具有内部资本市场虚拟变量,是则取1,否则取0
调节变量	$Analyst_{it}$	分析师跟踪人数	第t年上市公司分析师跟踪人数
	$Accm_{it}$	累计操纵性应计	第t年上市公司前后3年累计操纵性应计
	$Protection_{it}$	地区法律执行力度	第t年上市公司所在省份的地区法律执行力度
控制变量	$Cashflow_{it}$	经营现金流量	第t年末公司经营活动现金流量
	$Eqfin_{it}$	股权融资规模	第t年末吸收权益性投资收到的现金总额取自然对数
	Q_{it}	公司成长性	(公司股权市场价值+负债账面价值)/总资产账面价值
	$Tangibility_{it}$	固定资产比例	第t年末固定资产/该年末总资产
	$Size_{it}$	公司规模	第t年末总资产取自然对数

续表

变量性质	变量代码	变量名称	变量定义
控制变量	Lev_{it}	财务杠杆	第 t 年末总负债/该年末总资产
	$Block_{it}$	两权分离程度	第 t 年大股东持股比例
	$Independence_{it}$	董事会独立性	第 t 年独立董事的比例
	$State_{it}$	产权性质	企业是不是国有企业虚拟变量,是则取1,否则取0

之后根据地区法律执行力度、信息不对称问题的严重程度以及内部治理水平进行分组,通过中国市场化发育指数中的地区法律及中介发育程度指数和世界银行报告中的地区法律指数来度量地区法律执行力度,通过分析师跟踪人数和3年累计操纵性应计度量信息不对称问题的严重程度,通过董事会独立性以及两权分离程度等来度量内部治理水平的高低,以分析物权法的颁布对于大股东掏空行为的影响。

4.3 实证结果分析

4.3.1 描述性统计分析

表4-2展示了不同分类标准下样本的分布情况。按照年度划分,我们可以看出从2005年开始,样本数量逐年增加,2016年达到374家。按照行业划分,制造业类上市公司在所有上市公司中所占比例最大,共有1 902家。

表4-2 不同分类标准下样本的分布情况

分类标准		数量	占比
按年度划分	2001	156	0.05
	2002	125	0.04
	2003	62	0.02
	2004	93	0.03
	2005	64	0.02
	2006	94	0.03

续表

分类标准		数量	占比
按年度划分	2007	187	0.06
	2008	188	0.06
	2009	156	0.05
	2010	218	0.07
	2011	249	0.08
	2012	281	0.09
	2013	282	0.09
	2014	281	0.09
	2015	312	0.10
	2016	374	0.12
	总计	3 122	1.00
按行业划分	农林牧渔	55	0.02
	采掘业	80	0.03
	制造业	1 902	0.59
	电力、煤气及水	97	0.04
	建筑业	68	0.03
	交通运输、仓储	108	0.04
	信息技术业	256	0.07
	批发和零售贸易	164	0.06
	房地产	171	0.06
	社会服务	110	0.03
	传播与文化	48	0.01
	综合	63	0.02
	总计	3 122	1.00

模型中涉及的主要变量描述性统计如表 4-3 所示。对全样本的统计结果显示，当 Group 等于 0（企业不存在内部资本市场）时，物权法颁布前后企业总负债规模（Debt）均值由 39.00 上升至 42.40。当 Group 等于 1（企业存在内部资本市场）时，物权法颁布前后企业总负债规模（Debt）均值由 41.66 上升至 45.40。这说明物权法的颁布能够显著改善企业的负债融资。内部资本市场活跃程度均值为 18.68，与最大值 32.59 相比仍有较大的上升空间。在主要控制变量方面，公司成

长性均值为 1.42,最大值达到 10.42,说明多数样本公司的市场价值在资本市场上处于被低估状态。固定资产比例均值为 0.23,说明样本公司的资产结构较为稳定。公司规模均值达到 22.19,标准差为 1.47,说明样本公司在规模上存在一定的差异。财务杠杆均值为 0.48,说明样本公司平均债务融资将近占总资产的 50%。两权分离程度均值为 0.37,说明大股东股权相对集中。董事会独立性均值为 0.36,说明样本公司中独立董事人数达到董事会总人数的 36%。产权性质均值为 0.32,说明 32% 的样本属于国有企业。

表 4-3 主要变量描述性统计

变量	观测值	平均值	标准差	最小值	50%分位值	最大值
Ture	14 018	17.53	2.08	6.76	17.48	26.02
ICM	14 018	18.68	2.75	0.01	19.01	32.59
Q	14 018	1.42	1.51	0.04	1.01	10.42
Cashflow	14 018	0.09	0.14	0.01	0.06	4.69
Tangibility	14 018	0.23	0.19	0.01	0.20	0.92
Size	14 018	22.19	1.47	16.21	21.97	30.34
Lev	14 018	0.48	0.33	0.01	0.50	0.84
Block	14 018	0.37	0.15	0.08	0.36	0.76
Independence	14 018	0.36	0.65	0.25	0.33	0.57
State	14 018	0.32	0.50	0.00	0.00	1.00

	Group	方差		最小值		均值		最大值	
		前	后	前	后	前	后	前	后
Ture	0	1.74	2.16	7.13	3.91	17.70	17.34	25.65	23.18
	1	1.77	2.32	11.47	8.60	18.17	17.74	26.02	23.93
Debt	0	0.30	1.74	38.50	38.52	39.00	42.40	39.33	44.95
	1	0.85	1.18	40.27	40.36	41.66	45.40	42.44	46.77

4.3.2 单变量分析

表 4-4 列出了各变量描述性统计以及组间比较结果,组 A 列出了按照是否存在内部资本市场进行分组后各个变量的描述性统计,组 B 列出了按照是否存在内

部资本市场进行分组后各个变量的 t 检验以及 Wilcoxon 秩和检验结果。进一步的组间差异检验显示,与不具备内部资本市场的样本公司相比,具备内部资本市场的样本公司的公司规模、财务杠杆和两权分离程度显著更低($p<0.01$)。

此外,本章还对主要变量进行了相关性分析,结果如表 4-5 所示。内部资本市场与现金流之间的相关系数为 0.010,在统计上并不显著。其他主要变量的相关系数基本上都小于 0.5,表明模型变量选取较合理,回归模型的变量之间没有严重的多重共线性问题。

表 4-4 各变量描述性统计以及组间比较结果

组 A:各变量描述性统计

变量	Group=0		Group=1	
	平均值	50%分位值	平均值	50%分位值
Ture	17.38	17.39	18.08	18.07
Q	1.99	1.46	1.41	0.97
Cashflow	0.07	0.04	0.07	0.04
Tangibility	0.22	0.18	0.27	0.23
Size	21.48	21.36	22.50	22.28
Lev	0.47	0.46	0.55	0.55
Block	36.74	34.52	42.33	42.49
Independence	0.36	0.33	0.36	0.33

组 B:组间比较

变量	Group=0	Group=1
	t 统计量	z 统计量
Ture	−17.60***	−17.13***
Q	7.49***	29.23***
Cashflow	−2.41***	−3.76***
Tangibility	−15.19***	−13.70***
Size	−33.30***	−33.10***
Lev	−17.95***	−19.80***
Block	−26.10***	−26.07***
Independence	8.85***	8.56***

注:***、**、*分别表示在 1%、5%、10%的水平上显著。

表 4-5 主要变量的相关性分析结果

		(1)	(2)	(3)	(4)	(5)	(6)	(7)	(8)	(9)	(10)	(11)	(12)
(1)	Ture	1											
(2)	PRL	−0.038[a]	1.000										
(3)	Group	0.124[a]	−0.079[a]	1.000									
(4)	Q	−0.090[a]	0.028[a]	−0.024[a]	1.000								
(5)	Cashflow	−0.014[b]	−0.014[b]	0.010	0.054[a]	1.000							
(6)	Tangibility	−0.103[a]	−0.140[a]	0.114[a]	−0.030[a]	−0.003	1.000						
(7)	Size	0.524[a]	0.149[a]	0.257[a]	−0.081[a]	−0.026[a]	0.054[a]	1.000					
(8)	Lev	0.310[a]	−0.075[a]	0.118[a]	0.000	0.050[a]	0.104[a]	0.196[a]	1.000				
(9)	Block	0.035[a]	−0.089[a]	0.179[a]	−0.028[a]	0.014[b]	0.079[a]	0.232[a]	−0.019[a]	1.000			
(10)	Independence	0.021	0.180[a]	−0.059[a]	0.018[b]	−0.006	−0.076[a]	0.062[a]	−0.044[a]	0.006	1.000		
(11)	State	0.075[a]	−0.314[a]	0.234[a]	−0.028[a]	0.014[b]	0.182[a]	0.103[a]	0.108[a]	0.200[a]	−0.137[a]	1.000	
(12)	Analyst	0.211[a]	0.184[a]	0.066[a]	−0.006	0.059[a]	−0.062[a]	0.441[a]	0.004	0.033[a]	0.086[a]	−0.091[a]	1.000

注：上标 a、b 和 c 分别代表在 1%、5% 和 10% 的水平上显著（双尾）。

4.3.3 多元回归分析

本章假设检验分为3个步骤：首先，验证内部资本市场对大股东掏空行为的影响；然后，验证物权法的颁布对大股东掏空行为的影响；最后，通过内部资本市场变量验证物权法颁布前后内部资本市场和大股东掏空行为之间的关系是否存在差异。

1. 假设 H_1 的检验：内部资本市场对大股东掏空行为的影响

为了检验内部资本市场与大股东掏空行为之间的关系，本章采用其他应收款度量大股东掏空行为，采用集团内公司对上市公司的财务资助来度量企业内部资本市场活跃程度。同时，为了检验不同内部资本市场活跃程度下大股东掏空行为的差异，本章通过观察内部资本市场活跃程度的核密度函数（如图4-1所示），基于其分布特征将样本分为内部资本市场低活跃度样本、内部资本市场适度活跃样本与内部资本市场高活跃度样本3组。其中，将内部资本市场活跃程度低于16的样本作为低活跃度样本；将内部资本市场活跃程度高于22的样本作为高活跃度样本；将内部资本市场活跃程度介于16与22之间的样本作为适度活跃样本。从表4-6第(1)栏全样本的回归结果可以看出，ICM的系数为0.219，且在1%的水平上显著。这说明在全样本下，内部资本市场会带来大股东掏空行为的恶化，即验证了假设 H_1。在将样本分为上述3组后，分别检验每组样本下内部资本市场活跃程度与大股东掏空行为之间的关系。在内部资本市场低活跃度样本中，内部资本市场活跃程度与大股东掏空行为之间的回归系数为0.242，且在1%的水平上显著。这说明对于内部资本市场低活跃度样本而言，内部资本市场活跃程度与大股东掏空行为之间存在正相关关系。在内部资本市场适度活跃样本中，内部资本市场活跃程度与大股东掏空行为之间的回归系数为0.020，且在5%的水平上显著。这说明相比于内部资本市场适度活跃样本，内部资本市场低活跃度样本中内部资本市场活跃程度对大股东掏空行为的影响更大。在内部资本市场高活跃度样本中，内部资本市场活跃程度与大股东掏空行为之间的回归系数为0.392，且在1%的水平上显著。这说明相比于内部资本市场低活跃度样本和适度活跃样本，内部资本市场高活跃度样本中内部资本市场活跃程度对大股东掏空行为的影响更大。上述结果说明，当内部资本市场活跃程度处于不同区间时，内部资本市场活跃程度对大股东掏空行为的影响存在区间效应。

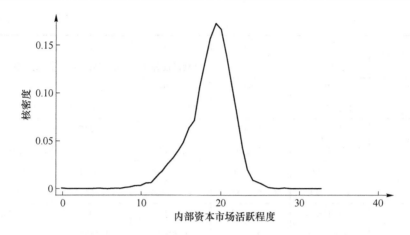

图 4-1 内部资本市场活跃程度的核密度函数曲线

2. 假设 H_2 的检验:内部资本市场对大股东掏空行为的影响存在区间效应

为了检验假设 H_2,本章通过二次项系数来检验内部资本市场活跃程度对大股东掏空行为的影响是否存在区间效应,在模型(4-1)的基础上加入内部资本市场活跃程度的二次项,即得到模型(4-2),其回归结果如表 4-6 所示。从表 4-6 第(5)栏可以看出,内部资本市场活跃程度的二次项与大股东掏空行为之间的回归系数为 0.019,且在 1% 的水平上显著。这说明内部资本市场活跃程度对大股东掏空行为的影响存在区间效应,验证了本章的假设 H_2。

表 4-6 内部资本市场与反掠夺效应的回归结果

变量	(1) 全样本	(2) 全样本	(3) 低活跃度样本	(4) 适度活跃样本	(5) 高活跃度样本
ICM	0.219 (13.46)***	0.242 (14.18)***	0.020 (2.65)**	0.392 (4.01)***	−0.464 (−6.36)***
ICM^2					0.019 (8.97)***
Cashflow	−0.339 (−2.07)**	1.104 (2.18)**	−0.562 (−2.87)***	−0.389 (−1.05)	−0.361 (−2.16)**
Eqfin	0.016 (6.79)***	−0.006 (−0.96)	0.013 (5.93)***	0.034 (5.41)***	0.014 (6.20)***
Q	−0.017 (−2.12)**	−0.195 (−5.71)***	−0.015 (−2.47)**	−0.275 (−3.65)***	−0.017 (−2.17)**
Tangibility	−1.228 (−6.87)***	−1.311 (−2.81)***	−1.408 (−7.68)***	−0.501 (−1.13)	−1.209 (−6.90)***

续表

变量	(1) 全样本	(2) 全样本	(3) 低活跃度样本	(4) 适度活跃样本	(5) 高活跃度样本
Size	0.966 (29.43)***	1.048 (13.82)***	0.898 (26.41)***	1.041 (14.37)***	0.961 (28.17)***
Lev	1.172 (2.26)**	0.144 (0.52)	1.817 (6.71)***	1.717 (3.97)***	1.134 (2.24)**
Block	−0.003 (−1.42)	−0.011 (−2.52)**	−0.002 (−1.13)	−0.016 (−2.64)***	−0.005 (−2.26)**
Independence	1.156 (3.31)***	0.998 (1.23)	0.813 (2.25)**	2.980 (3.54)***	1.092 (3.19)***
State	0.157 (2.72)***	0.158 (0.95)	0.163 (2.82)***	0.024 (0.16)	0.165 (2.90)***
Analyst	0.007 (11.65)***	0.007 (4.28)***	0.006 (9.94)***	0.006 (6.35)***	0.006 (10.39)***
Constant	13.127 (37.17)***	17.756 (26.99)***	12.405 (31.02)***	9.020 (4.06)***	19.117 (27.38)***
行业	控制	控制	控制	控制	控制
年份	控制	控制	控制	控制	控制
观测值	14 018	2 014	9 121	1 318	14 018
R^2	0.252	0.135	0.161	0.300	0.267

注：***、**、*分别表示在1％、5％、10％的水平上显著。

此外，为了描绘内部资本市场活跃程度与大股东掏空行为之间的关系，我们采用非参数逐点回归方法进一步检验内部资本市场活跃程度对大股东掏空行为的非线性影响。使用非参数模型，既无须对模型形式进行特定设置，又能较好地处理多重共线性问题，因而其与参数模型相比具有更大的灵活性和更高的稳健性。下面我们对非参数逐点回归的思想进行介绍。为了能够更加清晰地描述面板数据非参数模型的逐点回归估计技术，本章在此按照 Henderson 等（2008）的做法，考虑如下简单形式的面板数据非参数模型：

$$y_{it} = a_0 + f(x_{it}) + \mu_{it} \tag{4-5}$$

对式（4-5）的估计大致有两种处理手段。一种手段为参数方法，包括经典的线性回归和非线性回归。参数方法的大体思路是假设函数 $f(x_{it})$ 的形式是已知的，即可以将其表达成含未知参数 θ 的形式 $f(x_{it}, \theta)$，这样对函数 $f(x_{it})$ 的估计就转化

为对未知参数 θ 的估计。参数方法能将复杂问题简单化,使复杂问题的表达式简单直观,而且参数模型的参数一般具有明确的经济学含义,所以利用它分析复杂问题也比较容易。但是,世界的复杂性常常使得有限的数学公式难以准确表达事物之间的关系,即使引进大量参数也无法改善拟合效果。同时,在动态的经济政策环境中假设计量模型的参数保持不变的宏观计量模型本身是站不住脚的。这时,另一种手段——非参数方法成为可供选择的估计技术。非参数方法放松函数 $f(x_{it})$ 形式固定的假设,同时也不设置未知参数,而是由数据本身决定函数值。显然,如果直接将所有原始数据进行拟合,由于模型存在随机干扰,因此数据会出现较明显的摆动。所以,一项非常重要的工作就是寻找某种手段消除随机干扰从而使得图形变得光滑。完成这项工作最简单的方法就是三点平均,即每一点 $f(x_{it})$ 的值都取离 x_{it} 最近的 3 个数据点的函数值的平均值。用于取平均值的数据点越多,最终所得的图形会越光滑,但是这样也会丢失数据中其他有用的信息。因此,在估计过程中,不仅要尽可能地消除随机干扰的影响,还要防止在消除干扰的过程中丢失有用的信息。即便确定了用于进行平均的数据量的大小,也还存在如何进行平均的问题,即还需要决定每个数据点在 $f(x_{it})$ 的估计中所起的作用。显然,从直观上讲,和 x_{it} 离得越近的点在决定 $f(x_{it})$ 值时应具有越大的作用。因此,在估计过程中需要进行加权平均。于是,如何加权(即选择什么样的权函数)以及使图形光滑到何种程度成为非参数估计过程中需要解决的核心问题。非参数方法基本沿着这一主线在不断发展。目前,非参数回归的加权估计有许多种方法,其基本思想和主要方法大致相同。本章采用局部线性方法对非参数模型进行估计,具体过程如下。

将函数 $f(x_{it})$ 在固定点 $x=(x_1,x_2,\cdots,x_k)$ 处进行局部线性化,则可将式(4-5)变形为

$$y_{it}=a_i+f(x)+(x_{it}-x)\beta(x)+\mu_{it} \qquad (4\text{-}6)$$

其中,$\beta(x)=(\beta_1(x),\beta_2(x),\cdots,\beta_k(x))'$,$\beta_j(x)=\dfrac{\partial f(x)}{\partial x_j}$ 代表第 j 个解释变量 x_j 对被解释变量的边际影响。由式(4-6)可以得到

$$y_{it}-\overline{y_i}=(x_{it}-\overline{x})\beta(x)+\mu_{it}-\overline{\mu_i} \qquad (4\text{-}7)$$

其中,$\overline{y_i}=\sum\limits_{t=1}^{T}y_{it}/T$。

将式(4-7)的加权最小二乘解定义为 $\beta(x)$ 的估计值,等价于求使得式(4-8)最小化时的 $\beta(x)$:

$$\sum_{i=1}^{N}\sum_{t=1}^{T}\left[(y_{it}-\overline{y_i})-(x_{it}-\overline{x_i})\beta(x)\right]^2 K\left(\dfrac{x_{it}-x}{h}\right) \qquad (4\text{-}8)$$

由式(4-8)得到 $\beta(x)$ 的估计结果为

$$\hat{\beta}(x) = \Big[\sum_{i=1}^{N}\sum_{t=1}^{T}(x_{it}-x_i)'(x_{it}-x_i)K(\frac{x_{it}-x}{h})\Big]^{-1} \quad (4\text{-}9)$$

$$\sum_{i=1}^{N}\sum_{t=1}^{T}\Big[(x_{it}-x_i)'(y_{it}-y_i)K(\frac{x_{it}-x}{h})\Big]$$

其中,$K(\cdot)$为核函数,h为窗宽。由式(4-9)中$\hat{\beta}(x)$的表达式可以得到

$$\beta_j(x) = e_j\hat{\beta}(x), \quad j=1,2,\cdots,k \quad (4\text{-}10)$$

其中,e_j为第j个元素为1、其他元素均为0的$1\times k$行向量。由于$\hat{\beta}(x)$是$x=(x_1,x_2,\cdots,x_k)$的函数,因此可以计算当x中某些分量为常数时$\hat{\beta}(x)$的估计值。这样,既可以得到各变量平均水平的边际影响,即在$\overline{x}=(\overline{x}_1,\overline{x}_2,\cdots,\overline{x}_k)$处求出$\hat{\beta}(\overline{x})$,又可以令其他变量取平均值,观察边际影响随着某一变量的变化而呈现出的动态趋势,即求得$\hat{\beta}(\overline{x}_1,\cdots,\overline{x}_{m-1},x_m,\overline{x}_{m+1},\cdots,\overline{x}_k)$。基于此思想,将内部资本市场活跃程度变量等分为30个子区间,令其他变量取均值,即可考察内部资本市场活跃程度的估计系数随着内部资本市场活跃程度的变化而呈现出的动态趋势。

基于非参数逐点回归的思想在模型(4-1)的基础上构建本章的非参数实证模型:

$$\text{Ture}_{it} = a_i + f(\text{ICM}_{it}, \text{Controls}) + \mu_{it} \quad (4\text{-}11)$$

其中,a_i度量个体效应,$f(\cdot)$为形式未知的光滑函数。采用局部线性方法对面板数据非参数模型进行估计,将非参数逐点回归的结果进行汇总,得到图4-2[①]。图4-2显示,伴随着内部资本市场活跃程度的提高,内部资本市场对大股东掏空行为的影响存在明显的"睡椅"形关系,即当内部资本市场活跃程度较低和适度活跃时,内部资本市场活跃程度与大股东掏空行为之间存在正相关关系;且相比于内部资本市场适度活跃时,在内部资本市场活跃程度较低时内部资本市场活跃程度对大股东掏空行为的影响更大。在内部资本市场活跃程度较高时,内部资本市场活跃程度与大股东掏空行为之间存在正相关关系,且相比于内部资本市场活跃程度较低和适度活跃时,在内部资本市场活跃程度较高时内部资本市场活跃程度对大股东掏空行为的影响更大。也就是说,H_2是成立的。

[①] 由于面板数据非参数模型的回归结果对窗宽的选择较为敏感,为得到稳健的结论,本章选取不同的窗宽进行估计,发现得到的逐点回归图趋势一致,这说明本章的结论对窗宽的选择不敏感。

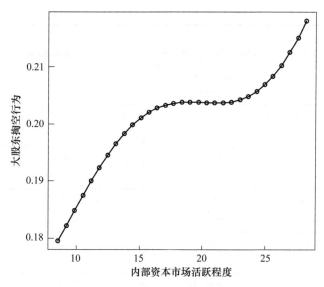

图 4-2 内部资本市场活跃程度与大股东掏空行为的非参数逐点回归结果

3. 假设 H_3 的检验:物权法的颁布对大股东掏空行为的影响

为检验假设 H_3,本章在模型中控制了 CSRC 标准下的制造业细分行业固定效应和年份固定效应,按公司聚类回归,以提高回归结果的稳健性。从表 4-7 第(1)栏可以看出,PRL 系数为 -0.412,且在 1% 的水平上显著,说明在物权法颁布后,相比于物权法颁布之前,大股东掏空行为在平均意义上减少了,即物权法的颁布会改善大股东掏空行为,验证了本章的假设 H_3。这意味着通过确立信贷者的权利和义务,物权法已经能够显著增强债权人的监督激励作用,进一步抑制大股东掏空行为。

表 4-7 物权法、内部资本市场与反掏夺效应的回归结果(一)

变量	(1) 全样本	(2) 具备内部资本市场的样本	(3) 不具备内部资本市场的样本	(4) 全样本
PRL	−0.412 (−6.84)***	−0.376 (−3.30)***	−0.441 (−6.02)***	−0.457 (−6.40)***
PRL×Group				−0.385 (−4.82)***
Group				−0.184 (−2.56)**

续表

变量	(1) 全样本	(2) 具备内部资本市场的样本	(3) 不具备内部资本市场的样本	(4) 全样本
Eqfin	0.003 (1.47)	0.011 (2.71)***	0.001 (0.31)	0.003 (1.40)
Q	−0.005 (−2.55)**	−0.038 (−1.10)	−0.005 (−2.65)***	−0.005 (−2.53)**
Tangibility	−1.690 (−10.83)***	−1.827 (−5.84)***	−1.638 (−9.48)***	−1.688 (−10.83)***
Size	1.053 (28.69)***	1.016 (18.93)***	1.066 (25.60)***	1.059 (29.07)***
Lev	0.855 (2.46)**	1.108 (4.11)***	0.819 (2.14)**	0.860 (2.45)**
Block	−0.015 (−8.05)***	−0.018 (−4.69)***	−0.014 (−6.76)***	−0.015 (−7.86)***
Independence	0.465 (1.64)	1.674 (2.62)***	0.079 (0.25)	0.445 (1.56)
State	−0.090 (−1.77)*	−0.077 (−0.88)	−0.073 (−1.18)	−0.076 (−1.47)
Constant	−1.576 (−3.16)***	−0.965 (−1.92)*	−1.141 (−5.11)***	−3.777 (−5.46)***
行业	控制	控制	控制	控制
年份	控制	控制	控制	控制
观测值	14 018	3 037	10 981	14 018
R^2	0.006	0.261	0.153	0.009

注:***、**、*分别表示在1%、5%、10%的水平上显著。

4. 假设 H_4 的检验:物权法的颁布对内部资本市场与大股东掏空行为之间关系的影响

本章通过假设 H_4 检验了物权法的颁布对内部资本市场与大股东掏空行为之间关系的影响。表 4-7 第(4)栏中 PRL×Group 的系数为 −0.385,且在 1% 的水平上显著,说明物权法颁布后大股东掏空行为的改善更为显著。上述检验结果意味着,尽管内部资本市场本身会带来大股东掏空行为的恶化,但是物权法能够带动内部资本市场发挥反掠夺效应,假设 H_4 得以验证。

4.3.4 稳健性检验

为了进一步验证本章的主要发现,我们从如下方面进行稳健性检验:其一,检验物权法实施前后企业大股东掏空行为的动态变化;其二,采用倾向得分匹配(Propensity Score Matching,PSM)法处理潜在的遗漏变量问题。以上检验的结果表明,本章的主要发现是十分稳健的,物权法的实施的确对具备内部资本市场的企业的大股东掏空行为具有显著的抑制作用。

1. 检验物权法实施前后企业大股东掏空行为的动态变化

首先,虽然物权法的实施对企业而言是外生冲击,但是企业有可能预料到法律实施对企业的影响而提前调整财务决策。2006年证监会发布了《关于进一步做好清理大股东占用上市公司资金工作的通知》,明确要求大股东占用的资金务必在2006年年底前偿还完毕。因而大股东掏空行为的显著改善很有可能归功于证监会对大股东占款的清理。如果这一推断成立,即物权法实施之前大股东掏空行为就已经发生了显著变化,那么就会对建立物权法与大股东掏空行为之间的因果关系带来干扰。另外,物权法的实施对大股东掏空行为的影响可能会有滞后性。因而,为了更好地观测物权法的实施对大股东掏空行为的影响,参照 Bertrand 和 Mullainathan(2003)以及倪骁然和朱玉杰(2016)的设定,我们建立如下的模型:

$$\begin{aligned}\text{Ture}_{it} = & \beta_0 + \beta_1 \text{PRL}(-2)_{it} \times \text{Group} + \beta_2 \text{PRL}(-1)_{it} \times \text{Group} + \beta_3 \text{PRL}(0)_{it} \times \text{Group} \\ & + \beta_4 \text{PRL}(+1)_{it} \times \text{Group} + \beta_5 \text{PRL}(\geqslant +2)_{it} \times \text{Group} \\ & + \beta_6 \text{PRL}(-2)_{it} + \beta_7 \text{PRL}(-1)_{it} + \beta_8 \text{PRL}(0)_{it} + \beta_9 \text{PRL}(+1)_{it} \\ & + \beta_{10} \text{PRL}(\geqslant +2)_{it} + B \times \text{Controls}\end{aligned} \quad (4\text{-}12)$$

其中:当样本所在年份为2005年时PRL(-2)取1,否则取0;当样本所在年份为2006年时PRL(-1)取1,否则取0;当样本所在年份为2007年时PRL(0)取1,否则取0;当样本所在年份为2008年时PRL(+1)取1,否则取0;当样本所在年份为2009年及以后时PRL($\geqslant$+2)取1,否则取0。模型(4-12)的回归结果如表4-8所示。我们控制了行业固定效应,可以看出 PRL(-2)$\times$Group 和 PRL(-2)的回归系数不显著,即在2005年,也就是物权法正式实施的前两年,具备内部资本市场的企业的其他应收款并没有明显的变化。而 PRL(-1)$\times$Group 的回归系数为-0.251,t 值为-2.74,且在5%的水平上显著;PRL(-1)的回归系数为-0.289,t 值为-6.23,且在1%的水平上显著。这说明在2006年,也就是物权法正式实施的前一年,由于证监会对大股东占款的清理,企业的其他应收款显著下降。相较而言,值得注意的是,PRL(0)×Group、PRL(+1)×Group 和 PRL(≥+2)×Group 的回归系数均显著,这表明物权法的实施对具备内部资本市场的企业的大股东掏空行为具有显著的影响,并且其影响具有即时性,在物权法实施当年就产生了明显的效果。这一动态检验的结果清晰地揭示出物权法实施与企业大股东掏空行为时序上的因果联系。

表 4-8 物权法、内部资本市场与反掠夺效应的动态检验

变量	(1)	(2)
Group	−0.066	−0.157
	(−1.32)	(−1.44)*
PRL(−2)	−0.057	0.012
	(−0.71)	(0.06)
PRL(−2)×Group		−0.130
		(−1.04)
PRL(−1)	−0.504	−0.289
	(−3.22)***	(−6.23)***
PRL(−1)×Group		−0.251
		(−2.74)**
PRL(0)	−0.701	−0.343
	(−6.99)***	(−8.29)***
PRL(0)×Group		−0.109
		(−2.32)**
PRL(+1)	−0.232	−0.156
	(−2.79)**	(−2.41)**
PRL(+1)×Group		−0.301
		(−3.12)***
PRL(≥+2)	−0.281	−0.274
	(−3.88)***	(−6.14)***
PRL(≥+2)×Group		−0.321
		(−3.65)***
Eqfin	0.001	0.001
	(0.29)	(0.46)
Q	−0.051	−0.038
	(−3.74)***	(−3.01)***

续 表

变量	(1)	(2)
Tangibility	−1.813	−1.659
	(−10.13)***	(−11.09)***
Size	0.821	0.745
	(41.05)***	(35.71)***
Lev	1.914	1.235
	(13.01)***	(11.41)***
Block	−0.015	−0.024
	(−8.71)***	(−8.92)***
Independence	0.419	0.407
	(1.33)	(1.60)
State	−0.082	−0.101
	(−2.99)*	(−1.65)*
Constant	−1.401	−1.802
	(−2.99)***	(−2.71)***
行业	控制	控制
年份	未控制	未控制
观测值	14 018	14 018
R^2	0.398	0.398

注：***、**、*分别表示在1%、5%、10%的水平上显著。

2. 采用倾向得分匹配法处理遗漏变量问题

2007年物权法的实施对企业来说是外生冲击，因此反向因果带来的内生性问题可以通过模型设定在很大程度上避免。然而，具备内部资本市场的企业和不具备内部资本市场的企业有可能在诸多方面本来就存在差异。虽然我们已经在模型中加入了对这些可能的差异的控制，但是由遗漏变量带来的内生性问题仍然有待解决。因此，我们采用PSM法处理这一问题。首先，将具备内部资本市场的企业作为处理组。我们基于最优临近匹配法，采用logit模型从其余的样本点中为处理组中的每个样本选取一个匹配样本并用其构成对照组。在剔除未被匹配进对照组企业的所有观测并完成匹配后，我们在留存的样本中重新进行本章的主要检验。在使用PSM法之前必须考察匹配方法是否满足假定前提。从表4-9可知，匹配后(M)所有变量的标准化偏差均小于10%，且t检验结果不能拒绝处理组与控制组无系统性差异的原假设。对比匹配前(U)的结果,大多数变量的标准化偏差大幅度减小,每股收益的标准化偏差虽略有增大,但仍在可接受范围之内。回归结果如表 4-10 所示,可以看出,PRL 的回归系数均显著。

表 4-9 匹配前后变量标准化偏差及两组间差异情况

变量	匹配前(U)、匹配后(M)	均值 处理组	均值 控制组	标准化偏差/%	绝对值	t 检验 t	t 检验 $p>\|t\|$
Eqfin	U	4.644 90	4.507 00	1.7	14.5	0.67	0.503
	M	4.644 90	4.527 00	1.5		0.62	0.536
Q	U	1.451 10	1.572 40	−6.6	80.0	−2.57	0.010
	M	1.451 10	1.475 40	−1.3		−0.58	0.562
Tangibility	U	0.241 90	0.229 40	6.4	75.9	2.49	0.013
	M	0.241 90	0.238 90	1.5		0.65	0.518
Size	U	22.239 00	22.023 00	14.8	78.8	5.74	0.000
	M	22.239 00	22.193 00	3.1		1.26	0.208
Lev	U	0.574 91	0.650 53	−1.2	−114.6	−0.50	0.616
	M	0.574 91	0.737 21	−2.6		−0.90	0.367
Block	U	42.841 00	40.997 00	11.4	89.0	4.45	0.000
	M	42.841 00	42.639 00	1.2		0.52	0.603
Independence	U	0.363 48	0.364 30	−1.3	−97.1	−0.50	0.621
	M	0.363 48	0.361 86	2.5		1.07	0.285
State	U	0.510 81	0.474 74	7.2	44.0	2.81	0.005
	M	0.510 81	0.531 01	−4.0		−1.71	0.088

表 4-10 采用倾向得分匹配法构建样本的回归结果

变量	(1) 全样本	(2) 具备内部资本市场的样本	(3) 不具备内部资本市场的样本	(4) 全样本
PRL	−0.422 (−4.91)***	−0.376 (−3.30)***	−0.441 (−6.02)***	−0.446 (−4.32)***
PRL×Group				−0.420 (−5.74)***
Group				−0.242 (−3.29)**

续表

变量	(1) 全样本	(2) 具备内部资本市场的样本	(3) 不具备内部资本市场的样本	(4) 全样本
Eqfin	0.012 (3.85)***	0.011 (2.71)***	0.014 (2.85)***	0.012 (3.83)***
Q	−0.043 (−2.28)**	−0.038 (−1.10)	−0.044 (−2.23)**	−0.043 (−2.28)**
Tangibility	−1.629 (−7.28)***	−1.827 (−5.84)***	−1.351 (−4.45)***	−1.643 (−7.32)***
Size	0.983 (24.07)***	1.016 (18.93)***	0.948 (17.94)***	0.987 (24.17)***
Lev	1.165 (5.92)***	1.108 (4.11)***	1.349 (5.31)***	1.174 (5.93)***
Block	−0.017 (−6.27)***	−0.018 (−4.69)***	−0.015 (−4.40)***	−0.017 (−6.21)***
Independence	1.350 (2.89)***	1.674 (2.62)***	0.579 (0.80)	1.334 (2.84)***
State	−0.084 (−1.28)	−0.077 (−0.88)	−0.082 (−0.87)	−0.081 (−1.22)
Constant	−2.151 (−2.43)**	−2.557 (−2.28)**	−1.721 (−1.49)	−2.063 (−2.31)**
行业	控制	控制	控制	控制
年份	控制	控制	控制	控制
观测值	5 125	3 049	2 076	5 125
R^2	0.444	0.470	0.408	0.444

注：***、**、*分别表示在1%、5%、10%的水平上显著。

4.3.5 进一步讨论

4.3.4节的研究结果显示,随着物权法颁布后债权人保护的加强,不具备内部资本市场的企业在物权法颁布后大股东掏空行为的改善更为显著。那么,进一步的问题是:企业微观环境层面和宏观环境层面的因素如何影响物权法与内部资本市场之间的关系？换句话说,物权法对内部资本市场有哪些可能的影响机制？本节尝试从信息不对称程度和地区法律执行力度两个角度提供进一步的证据。

1. 信息不对称程度、物权法与内部资本市场

集团内部形成的资本市场和要素市场为控股股东通过关联交易这种非常隐蔽的手段掏空上市公司提供了可能。包括 Khanna(2001)在内的很多学者参考 La Porta 等(2000)的研究方法,发现家族控制在东亚公司中广泛存在,许多公司的最终控制人通过金字塔结构、交叉持股等复杂隐蔽的资本链条对多家上市公司进行控股。在这种情况下,最终控制人可能会转移利润,侵害中小股东的利益,由此便产生了逆向选择的道德风险和代理成本。

企业集团主要以资本关系为纽带,联合多家公司在其实际运作过程中进行更为复杂的资本运作和业务实现。企业集团与外部利益相关者之间的利益关系、企业集团内部不同利益主体之间的利益关系等问题都很容易受到严重的代理问题的影响,产生多层次的责任不清、利益矛盾等问题,增加了道德风险和逆向选择的可能性。信息不对称会加剧代理问题,使得公司的管理层有更强烈的动机去参与掏空行为以牟取一己私利。企业面临的信息环境越好,越有助于企业私有信息的传播,这会增加大股东掏空行为的成本,从而对掠夺行为产生抑制作用。企业的信息不对称程度越高,大股东掏空程度越高,物权法颁布后可以改善的空间也就越大。

在表 4-11 中我们通过分析师跟踪人数和 3 年累计操纵性应计进行分组。在 Less-analyst 组中 PRL×Group 的系数为 -0.588,t 值为 -10.57,而在 More-analyst 组中 PRL×Group 的系数为 -0.378,t 值为 -3.72。在进行组间差异分析后,我们得出 P 值在 5% 的水平上显著,这说明和分析师较多的公司相比,分析师较少的公司在物权法颁布后大股东掏空行为的改善更为显著。同时在 Low-accm 组中 PRL×Group 的系数为 -0.391,t 值为 -2.05,而在 High-accm 组中 PRL×Group 的系数为 -0.544,t 值为 -8.37。二者间的差异在 5% 的水平上通过了显著性检验,这说明和累计操纵性应计较低的公司相比,累计操纵性应计较高的公司在物权法颁布后大股东掏空行为的改善更为显著。

表 4-11 物权法、内部资本市场与反掠夺效应的分组回归结果

变量	(1) Less-analyst	(2) More-analyst	(3) Low-accm	(4) High-accm
PRL×Group	-0.588 (-10.57)***	-0.378 (-3.72)***	-0.391 (-2.05)***	-0.544 (-8.37)***

续表

变量	(1) Less-analyst	(2) More-analyst	(3) Low-accm	(4) High-accm
Difference	$P=0.048^{**}$		$P=0.033^{**}$	
Group	0.396	0.226	0.137	0.462
	(3.26)***	(1.99)**	(1.17)	(3.97)***
Eqfin	0.005	0.002	0.001	0.005
	(1.82)*	(1.14)	(0.62)	(1.96)**
Q	−0.080	−0.050	−0.060	−0.073
	(−4.35)***	(−3.75)***	(−3.80)***	(−4.58)***
Tangibility	−1.855	−1.420	−1.549	−1.402
	(−10.41)***	(−7.25)***	(−9.07)***	(−6.27)***
Size	0.856	0.931	0.889	0.893
	(20.56)***	(31.71)***	(25.58)***	(28.53)***
Lev	1.612	1.997	1.845	1.669
	(12.68)***	(12.83)***	(11.79)***	(13.01)***
Block	−0.013	−0.012	−0.013	−0.012
	(−5.93)***	(−5.46)***	(−5.42)***	(−5.24)***
Independence	−0.709	0.297	0.612	−0.757
	(−1.75)*	(0.85)	(1.63)	(−1.94)*
State	0.116	0.051	0.079	0.062
	(1.85)*	(0.84)	(1.37)	(0.88)
Constant	0.539	−2.303	−0.696	−0.746
	(0.56)	(−3.21)***	(−0.86)	(−1.04)
行业	控制	控制	控制	控制
年份	控制	控制	控制	控制
观测值	7 009	7 009	7 009	7 009
R^2	0.310	0.441	0.382	0.376

注：***、**、*分别表示在1%、5%、10%的水平上显著。

2. 地区法律执行力度、物权法与内部资本市场

La Porta 等(1997)研究了49个国家的法律制度中物权法的层级和水平,结果发现普通法系国家能够为中小投资者提供强有力的保护,而大陆法系国家对中小投资者的保护力度偏小,这类国家的公司治理水平也较为低下。La Porta 等的研

究表明法律体系以及法律执行力度是决定公司股权结构以及金融市场发展水平的重要因素。林勇等(2009)认为较好的公司外部环境对上市公司大股东掏空行为的改善具有正面的促进作用。地区法律执法力度越小的企业,其大股东掏空程度就越高,通过物权法促进债权人保护的空间也就越大。

在表4-12第(1)栏和第(2)栏中我们根据地区法律执行力度将样本分成Low-protection和High-protection两组。在Low-protection组中PRL×Group的系数为-0.579,t值为-5.49;在High-protection组中PRL×Group的系数为-0.202,t值为-1.99。二者间的差异在5%的水平上通过了显著性检验,这说明和地区法律执行力度较大的公司相比,地区法律执行力度较小的公司在物权法颁布后大股东掏空行为的改善更为显著。此外,我们用世界银行报告中的地区法律指数来度量地区法律执行力度。在第(4)栏的High-protection组中,PRL×Group的系数为-0.387,t值为-3.81;在第(3)栏的Low-protection组中,PRL×Group的系数为-0.446,t值为-4.22。二者间的差异在5%的水平上通过了显著性检验。这表明物权法颁布之后,地区法律执行力度更小的企业(Low-protection组)大股东掏空行为得到更为显著的改善,因此之前的结论仍然稳健。

表4-12 物权法、内部资本市场与反掠夺效应的回归结果(二)

变量	(1) Low-protection	(2) High-protection	(3) Low-protection	(4) High-protection
PRL×Group	-0.579	-0.202	-0.446	-0.387
	(-5.49)***	(-1.99)**	(-4.22)***	(-3.81)***
Difference	$P=0.017$**		$P=0.022$**	
Group	0.232	0.183	0.387	0.134
	(2.00)**	(1.52)	(3.32)***	(1.16)
Eqfin	0.007	0.007	0.004	0.006
	(2.60)***	(2.46)**	(1.72)*	(2.19)**
Q	-0.097	-0.078	-0.079	-0.085
	(-4.82)***	(-4.81)***	(-4.44)***	(-5.25)***
Tangibility	-1.692	-1.697	-1.615	-1.646
	(-9.54)***	(-7.27)***	(-7.71)***	(-9.06)***
Size	0.829	0.902	0.869	0.888
	(24.33)***	(25.67)***	(26.30)***	(26.60)***
Lev	1.221	1.675	1.727	1.487
	(8.45)***	(10.63)***	(11.70)***	(10.82)***

续表

变量	(1) Low-protection	(2) High-protection	(3) Low-protection	(4) High-protection
Block	−0.015 (−6.54)***	−0.010 (−3.76)***	−0.011 (−4.29)***	−0.014 (−6.14)***
Independence	−0.721 (−1.69)*	0.687 (1.54)	0.033 (0.08)	−0.344 (−0.87)
State	−0.075 (−1.28)	0.132 (1.83)*	−0.782 (−1.04)	−0.212 (−0.28)
Constant	1.676 (2.19)**	−1.647 (−2.00)**	−0.446 (−4.22)***	−0.387 (−3.81)***
行业	控制	控制	控制	控制
年份	控制	控制	控制	控制
观测值	7 009	7 009	7 009	7 009
R^2	0.343	0.412	0.364	0.398

注：***、**、*分别表示在1％、5％、10％的水平上显著。

本章小结

利用我国A股上市公司2001—2016年的经验数据，本章检验了内部资本市场对大股东掏空行为的影响。研究发现，全样本下内部资本市场与大股东掏空行为之间呈正相关关系，即从全样本的平均水平来看，内部资本市场会带来大股东掏空行为的恶化。本章通过观察内部资本市场活跃程度的核密度函数，根据内部资本市场活跃程度的分布特征将样本划分为内部资本市场低活跃度样本、内部资本市场适度活跃样本和内部资本市场高活跃度样本3组，进一步检验发现，在这3组样本中内部资本市场活跃程度对大股东掏空行为的影响存在差异。相比于内部资本市场适度活跃样本，内部资本市场低活跃度样本中内部资本市场活跃程度对大股东掏空行为的影响更大。相比于内部资本市场低活跃度样本和适度活跃样本，内部资本市场高活跃度样本中内部资本市场活跃程度对大股东掏空行为的影响更大。以上分组检验结果说明，不同内部资本市场活跃程度对大股东掏空行为的影响存在差异。进一步检验发现，全样本下内部资本市场活跃程度对大股东掏空行为的影响存在区间效应。在引入2007年颁布的物权法后，我们发现物权法实施后大股东掏空行为显著减少。进一步在物权法颁布的背景下研究内部资本市场活跃程度与大股东掏空行为之间的关系，发现物权法不仅能直接作用于大股东掏空行为，还能带动内部资本市场发挥协同效应，进一步抑制大股东掏空行为。我们还发现物权法对于地区法律执行力度更小的企业以及信息不对称程度更高的企业具有更为显著的影响。这些结果说明，物权法能够协同内部资本市场发挥反掠夺效应。

基于本章的研究结论，得到以下管理启示。首先，内部资本市场的掠夺效应并不完全取决于两权分离程度和内部治理情况，也取决于企业面临的融资环境。因此，上市公司应该高度重视融资环境变化对其经营发展所产生的影响。其次，内部资本市场活跃程度对大股东掏空行为的影响存在区间效应，而且债权人在对企业投资的过程中可能会着重关注企业关联交易行为，因此在内部资本市场活跃程度相对较高的情况下，企业必须强化内部资本市场约束制度监管，避免因关联交易和过度投资恶化大股东掏空行为。再次，基于物权法的颁布在影响大股东掏空行为以及内部资本市场活跃程度与大股东掏空行为之间的关系中所发挥的反掠夺效应，我国应该加快完善物权法、推进法治建设，特别是应对物权保护相关法律法规进行补充。这不仅有利于改善我国企业面临的内部治理问题，而且对企业集团发挥内部资本市场的积极作用具有重大意义，为我国进一步完善物权法和推进法治建设提供理论参考。

第5章　物权法、内部资本市场与企业融资约束

现实融资过程中的摩擦和信息不对称会导致企业外部融资成本高于内源融资成本,从而产生融资约束(Whited et al.,2006)。我国的金融体系以银行为主,资本市场规模相对较小,信贷市场尤其是融资工具不发达,即使一些大中型民营企业获得上市融资的机会,在市场再融资时也常常会被歧视,因此很多企业选择通过构建内部资本市场来进行融资。法律对于债权人的保护程度越低,债权人愿意为公司提供的外部融资数额就越小,此时构建内部资本市场的意义就越大。法律对于债权人的保护程度越高,债权人愿意为公司提供的外部融资数额就越大,此时构建内部资本市场的意义就越小。因此,内部资本市场具有"替代效应"。但是内部资本市场也存在着"黑暗面",如双层代理问题和相当普遍的交叉补贴、寻租和低效问题。这不仅没有增加企业的价值,反而导致多元化企业价值减损。在物权法颁布之前,由于缺乏物权法的基本规则和法律框架,因此企业破产法等法律也难以发挥其应有的作用。

2007年3月16日,第十届全国人民代表大会第五次会议通过了《中华人民共和国物权法》,其自2007年10月1日起施行。法律赋予了债权人更多的权利,使其可以持有包括土地、建筑以及其他有形资产的抵押物。例如,《中华人民共和国物权法》第一百七十条规定,债务人未履行到期债务或发生当事人约定的实现担保物权的情形,担保物权人享有就担保财产优先受偿的权利。同样也有保护债权人持有资产的条款,《中华人民共和国物权法》第一百七十四条规定,如果抵押资产被损毁,法律给予债权人扣留保险金、赔偿金或补偿金等的特权,以此抵债。《中华人民共和国物权法》第一百九十三条允许抵押权人要求抵押人取消或搁置资产的不当使用,而且抵押权人有权利要求抵押人恢复抵押资产的原始价值,或者为贬值部

分提供相应的资金补偿。物权法显著地加大了私企所属物权的保护力度,能使私企不仅有更强的动机投资具有潜在盈利能力的工程,还能为这些工程的筹资提供外部融资。法律能够增加债权人的权利,提高债权人对抵押物的保护能力,带来外部融资的增长。物权法的颁布和实施为我们提供了自然实验条件来研究物权法对内部资本市场和企业融资约束的影响。

本章可能的贡献主要体现在3个方面。第一,以往文献对于内部资本市场效率的研究主要基于外部环境和公司特征的差异分析内部资本市场和外部资本市场的作用机制。本章试图从连续变量角度研究内部资本市场对企业融资约束的影响;与此同时,基于内部资本市场活跃程度的核密度函数,将样本分为内部资本市场低活跃度样本和内部资本市场高活跃度样本两组,分别研究这两组样本中内部资本市场对企业融资约束的影响,以此来体现内部资本市场不同活跃程度对企业融资约束影响的差异。研究发现,在内部资本市场低活跃度样本中,内部资本市场活跃程度与企业融资约束之间存在负相关关系;在内部资本市场高活跃度样本中,内部资本市场活跃程度与企业融资约束之间存在正相关关系。更重要的是,本章发现,内部资本市场活跃程度对企业融资约束的影响存在区间效应,即两者之间呈U形关系。第二,由于法律制度变革中自然实验的稀缺性,现有文献大多使用跨国或跨省等区域数据检验法律制度与金融发展之间的关系,只有少数研究尝试使用外生法律变革经验证据研究法与金融关系。本章研究发现,在物权法颁布后公司现金流敏感性下降;公司对于融资所需要的内部现金流的依赖性减弱。同时,在物权法颁布的背景下研究内部资本市场活跃程度与企业融资约束之间的关系,发现内部资本市场活跃程度与企业融资约束之间的相关关系不再显著。第三,本章发现物权法对地区法律执行力度更大、内部治理水平更高的企业的融资约束的改善更为显著。这些结果表明物权法颁布后,外部融资挤出内部资本市场成为更有效的资本配置机制,这对企业集团内部资本市场发挥积极作用、为我国进一步完善物权法和推进法治建设均有重要意义。

5.1 理论推导与假设提出

相关研究主要从3个方面展开:一是研究内部资本市场对企业融资约束的直接影响;二是分析物权法的颁布对企业融资约束的影响;三是检验物权法的颁布对

内部资本市场与企业融资约束之间关系的影响。

大多数国内外研究结果表明内部资本市场可以缓解融资约束（Campello，2002；Billett et al.，2003；周业安 等，2003；韩亮亮 等，2008；黎来芳 等，2008）。Desai 等（2004）发现美国跨国公司的子公司，尤其是外部融资受限的子公司会使用其母公司债务替代外部债务。Dewaelheyn 和 Hulle（2010）指出集团公司倾向于使用内源融资代替外源融资以降低融资成本。黎来芳等（2008）探讨了企业治理结构对成员企业融资约束的影响，发现集团化运作能有效缓解融资约束，民营企业会通过内部资本市场获得资金支持。邓建平和曾勇（2011）从关联方角度考察了企业集团化经营对民营企业融资约束的缓解作用，进一步指出金融关联较政治关联而言更能缓解企业的融资约束。内部资本市场多钱效应基于两个相关假设：第一，公司总部拥有关于每个细分市场投资前景的充足信息；第二，公司总部可凭借高质量信息进行跨部门资本配置（即赢家挑选活动）。集团成员之间以及集团不同业务之间的现金流能够互补以实现资金规模经济效应（王峰娟 等，2013；吴秋生 等，2017）。吴秋生和黄贤环（2017）进一步指出财务公司资金结算职能、贷款业务职能以及担保业务职能可以显著缓解上市公司的融资约束。同时集团多个成员的共同保险可以增强各自的信贷能力，优化资金配置结构，有效缓解上市公司的融资约束。此外，多元化公司在市场上具有声誉效应，使其更容易获得外部融资。因此，本章提出如下假设：

H_1：内部资本市场能够缓解企业融资约束，降低企业内部现金流的敏感性。

基于上述分析，对于内部资本市场活跃程度较低的企业而言，为了实现缓解融资约束的目标，最大限度地获得利益相关者为企业提供的资金支持，股东会抑制自己的掏空行为。但随着内部资本市场活跃程度的不断提高，基于委托代理理论，股东为了实现自身利益最大化，可能不会再将企业内部有限的资源用于缓解融资约束，而是利用内部资本市场进行掏空。伴随着内部资本市场活跃程度的提高，资金交易规模上升，交易类型多元化。一方面，投资者更难进行有效的监督，这为大股东掏空提供了条件；另一方面，整体融资能力的提高加剧了过度投资（计方 等，2014）。因此，在内部资本市场活跃程度较低时，随着内部资本市场活跃程度的提高，融资约束得到缓解。而在内部资本市场活跃程度较高时，随着内部资本市场活跃程度的提高，融资约束加剧。具体而言，内部资本市场活跃程度的差异会影响内部资本市场对企业融资约束的作用机制。因此，本章提出如下假设：

H_2：内部资本市场对企业融资约束的影响存在区间效应。当内部资本市场活跃程度较低时，内部资本市场活跃程度与企业融资约束之间呈负相关关系；当内部资本市场活跃程度较高时，内部资本市场活跃程度与企业融资约束之间呈正相关关系。

越来越多的文献表明，法律制度是改善物权保护水平进而影响金融信贷发展的重要因素（La Porta et al.，1997、1999；Djankov et al.，2007；余明桂 等，2008）。法律保护的完善一方面表现为债券市场供给充裕（刘启亮 等，2008），企业债务融资增长和杠杆率上升（魏锋 等，2009），另一方面体现为长期借款规模和比率增大（Beck et al.，2004）。同时也有大量文献表明良好的法律环境可以提高公司治理水平、降低权益融资成本、优化债务分配、提升企业投资效率（王鹏，2008；陈德球 等，2013；沈艺峰 等，2005；张健华 等，2012；万良勇，2013）。2007年中国颁布的物权法不仅将原材料、半成品、产品等存货纳入抵押资产范围，还明确应收账款和基金份额等资产权利可以合法出质，从而促使商业银行和其他金融机构增加向企业提供的流动性资产抵押贷款。此外，物权法明确可以应收账款出质进行负债融资，增大了企业事后对应收账款的处置空间和灵活性，促进了应付账款形式的商业信用快速增加（钱雪松 等，2017）。物权法显著地加大了债权人的保护力度，增强了债权人对所属抵押物的保护能力，使债权人不仅有更强的动机投资具有潜在盈利能力的工程，还能为这些工程的筹资提供外部融资（Berkowitz et al.，2015），因此物权法能够带来外部融资的增长。本章提出如下假设：

H_3：物权法的颁布能够显著改善企业融资约束。

物权法的颁布对内部资本市场与企业融资约束之间的关系有影响。已有文献发现内部资本市场对外部融资具有替代效应（Schwetzler et al.，2003；Desai et al.，2004）。在物权法颁布之前，由于缺乏可靠的契约基础和信息环境，企业集团通过构建内部资本市场而非外部资本市场来实现资本配置功能以缓解融资约束，Rajan和Zingales（1998）指出在金融体系不完善的地区，企业集团构建的内部资本市场将取代外部资本市场，承载起资本配置功能。万良勇和魏明海（2009）通过研究集团内部资本市场对上市公司银行债务融资的影响，发现集团内部资本市场可以部分替代银行贷款，在一定程度上减轻成员公司的融资负担。谢军和黄志忠（2014）发现我国民营企业集团通过内部资本市场替代区域金融市场来发挥资本配置作用。以往文献研究了区域差异如何影响物权法和经济增长之间的关系（La Porta et al. ,1997;Acemoglu et al. ,2001;Shleifer et al. ,2002;Beck et al. ,2003;Beck et al. ,2005;Levine,2005)。Beck 等(2005)和 La Porta 等(2000)从公司层面进行研究,发现物权法保护可以提升公司价值。钱雪松和方胜(2017)采用双重差分法考察物权法如何影响企业负债融资,发现固定资产占比较小时,企业流动性负债和总负债增长较快。物权法实施后,国有及民营上市公司采用应收账款质押融资的行为增加(江伟 等,2016)。2007 年颁布的物权法赋予了债权人更多的权利,显著增强了债权人的投资监督意愿。因此,随着物权法颁布后物权保护的加强,契约基础和信息环境得到显著改善,外部融资或将挤出内部资本市场成为更有效的资本配置机制。本章提出如下假设四:

H_4:物权法的颁布会削弱内部资本市场与企业融资约束之间的负相关关系。

5.2 研究设计

5.2.1 数据来源与样本选择

我们通过各公司的母公司是否设立财务公司来衡量公司是否存在内部资本市场虚拟变量 Group。由于中国企业为了实现资本运作常常设立复杂的控制链条进行交叉持股,因此本章通过以下步骤来收集数据:按照中国财务公司协会所提供的中国财务公司名单搜索该财务公司所隶属的母公司,依次获取财经网站官方披露的母公司旗下的上市公司名单,最终得到样本期间上市公司内部资本市场虚拟变量 Group 数据。

本章基于 2001—2016 年沪深两市的所有(32 543 个)上市公司的公司-年度观测,并进行如下筛选:①剔除金融保险业上市公司;②由于随后的分析需要使用上一年度的数据,因此剔除了上市时间少于一年的观测;③剔除其他数据缺失的样本公司。我们最终获得 17 906 个样本观测值。对主要的连续型变量在上下 1% 处进行 Winsorize 处理以排除异常值的干扰。同时,在所有回归中对标准误进行公司维度的 Cluster 处理以控制潜在自相关问题。所有实验数据均来自国泰安(CSMAR)和万得(WIND)金融数据库。

5.2.2 研究模型与变量定义

本章建立了以下实证模型以验证研究假设。

第一,为了检验内部资本市场对企业融资约束的影响,参考以往文献(Berkowitz et al.,2015),建立模型(5-1)。其中,被解释变量为现金-现金流敏感性系数,解释变量为内部资本市场活跃程度。在回归分析过程中,加入影响企业融资约束的主要控制变量。具体模型如下:

$$\Delta Cashholdings_{it} = \beta_0 + \beta_1 ICM_{it} + \beta_2 ICM_{it} \times Cashflow_{it} + B \times Controls + \varepsilon_{it}$$
(5-1)

研究外部融资约束的两个主流实证框架分别是投资-现金流敏感性模型与现金-现金流敏感性模型。投资-现金流敏感性被认为和融资约束之间可能既不存在充分关系也不存在必要关系,因此现金-现金流敏感性模型日益受到学者的关注,即企业现金资产持有量的变化与现金流的正向关联是企业存在外部融资约束问题的证据,许多学者在此基础上进行了新的研究。

第二,现有研究表明内部资本市场虽然可以缓解融资约束,但也可能导致过度投资和代理问题,尚无研究尝试通过区间效应解释内部资本市场对融资约束的影响。参照谢军和黄志忠(2014),我们采用企业集团内部资金往来程度这一连续变量度量企业内部资本市场活跃程度(通过关联方应付金额和关联方应收金额之和取自然对数来度量)。基于模型(5-1)分别在全样本下以及内部资本市场低活跃度和内部资本市场高活跃度两组样本下检验内部资本市场活跃程度与融资约束之间的关系,检验假设 H_2,即检验内部资本市场活跃程度与融资约束之间是否存在 U 形关系。据此本章在模型(5-1)中加入内部资本市场活跃程度二次项以进一步检验,具体模型如下:

$$\Delta Cashholdings_{it} = \beta_0 + \beta_1 ICM_{it} \times Cashflow_{it} + \beta_2 ICM_{it}^2 \times Cashflow_{it} + B \times Controls + \varepsilon_{it}$$
(5-2)

第三,本章参照 Almeida 等(2004)建立现金-现金流敏感性模型,将其作为基准模型并对其进行改进,以检验假设 H_3。在模型中,下标 i 代表公司,下标 t 代表年度。参考以往文献(Berkowitz et al.,2015),我们将公司现金持有的变化作为被解释变量,将得到的现金-现金流敏感性系数 β_2 作为对现金流敏感性的度量。在模型(5-1)中被解释变量 $\Delta Cashholdings_{it}$ 表示公司 i 在第 t 年现金持有的变化。在模型(5-3)中解释变量 PRL 为虚拟变量,如果第 t 年处于物权法颁布后,则 PRL 取值为 1,否则取值为 0。因此预期 $\beta_2 > 0$,即公司在样本期间都存在财务约束,物权法颁布后,财务约束变得松弛。物权法颁布前 β_2 为正,说明物权法能够帮助企业缓解融资约束。

$$\Delta Cashholdings_{it} = \beta_0 + \beta_1 PRL_{it} + \beta_2 Cashflow_{it} + \beta_3 PRL_{it} \times Cashflow_{it} + B \times Controls + \varepsilon_{it} \quad (5-3)$$

第四,为了进一步验证假设 H_4,本章按照物权法颁布前和物权法颁布后将样本分为两组,检验两组样本下内部资本市场活跃程度与企业融资约束之间的回归关系是否存在差异。在模型(5-4)中解释变量 Group 为虚拟变量,如果公司 i 具备内部资本市场,则其取值为 1,否则取值为 0。

$$\Delta Cashholdings_{it} = \beta_0 + \beta_1 Group_{it} + \beta_2 Cashflow_{it} + \beta_3 Group_{it} \times Cashflow_{it} + B \times Controls + \varepsilon_{it} \quad (5-4)$$

我们在模型中加入了控制变量:公司特征相关的变量,如公司规模、财务杠杆、固定资产比例、产权性质;公司治理相关的变量,如董事会独立性、公司成长性、两权分离程度。我们还控制了行业和年度固定效应。表 5-1 列出了模型中各变量的定义。

表 5-1 变量定义表

变量类别	变量代码	变量名称	变量定义
被解释变量	$\Delta Cashholdings_{it}$	现金持有的变化	第 t 年公司现金持有的变化
解释变量	PRL_{it}	物权法	第 t 年是否处于物权法颁布之后虚拟变量,是则取 1,否则取 0
	ICM_{it}	内部资本市场活跃程度	企业集团内部资金往来程度:关联方应付金额和应收金额之和取自然对数
	$Group_{it}$	内部资本市场虚拟变量	企业是否具有内部资本市场虚拟变量,是则取 1,否则取 0
调节变量	$Independence_{it}$	董事会独立性	第 t 年上市公司独立董事的比例
	$Block_{it}$	两权分离程度	第 t 年上市公司大股东持股比例
	$Protection_{it}$	地区法律执行力度	第 t 年上市公司所在省份的地区法律执行力度
控制变量	$Cashflow_{it}$	经营现金流量	第 t 年末公司经营活动现金流量
	$Eqfin_{it}$	股权融资规模	第 t 年末吸收权益性投资收到的现金总额取自然对数

续表

变量类别	变量代码	变量名称	变量定义
控制变量	Q_{it}	公司成长性	（公司股权市场价值＋负债账面价值）/总资产账面价值
	$Tangibility_{it}$	固定资产比例	第 t 年末固定资产/该年末总资产
	$Size_{it}$	公司规模	第 t 年末总资产取自然对数
	Lev_{it}	财务杠杆	第 t 年末总负债/该年末总资产
	$Block_{it}$	两权分离程度	第 t 年大股东持股比例
	$Independence_{it}$	董事会独立性	第 t 年独立董事的比例
	$State_{it}$	产权性质	企业是否为国有企业虚拟变量，是则取1，否则取0

将样本根据内部治理水平、地区法律执行力度进行分组，通过董事会独立性以及两权分离程度等来度量内部治理水平的高低，通过中国市场化发育指数中的地区法律及中介发育程度指数来度量地区法律执行力度，以分析物权法的颁布对于融资约束的影响。

5.3 实证结果分析

5.3.1 描述性统计与分析

本章将样本分为具备内部资本市场的样本和不具备内部资本市场的样本，分别计算2001—2016年两组样本公司流动负债、长期负债的均值，在此基础上绘制时间趋势图（如图5-1所示），实线代表具备内部资本市场的样本，虚线代表不具备内部资本市场的样本。其一，对于流动负债，物权法颁布前两组样本呈现出相同的增长趋势；物权法颁布后，不具备内部资本市场的样本的流动负债保持了原有的增长趋势，与其形成鲜明对比的是具备内部资本市场的样本的流动负债增长速度变化明显，两组样本的流动负债之间的差距逐年扩大。其二，对于长期负债，物权法颁布前，与具备内部资本市场的样本相比，不具备内部资本市场的样本的长期负债规模较小；物权法颁布后初期，两组样本的长期负债增长速度变化明显。这初步表明，物权法促进了两组样本长期负债的增长。

模型中涉及的主要变量描述性统计如表5-2所示。对全样本的统计结果显示，当Group等于0（企业不存在内部资本市场）时，物权法颁布前后企业总负债规模

(Debt)均值由39.00上升至42.40。当Group等于1(企业存在内部资本市场)时,物权法颁布前后企业总负债规模(Debt)均值由41.66上升至45.04。这说明物权法的颁布能够显著促进企业负债融资的增长。企业内部资本市场活跃程度均值为0.27,与最大值2.65相比仍有较大的上升空间,说明我国内部资本市场活跃程度仍然处于比较低位的水平。在主要控制变量方面,公司成长性均值为1.87,最大值达到10.42,说明多数样本公司的市场价值在资本市场上处于被低估状态。企业固定资产比例均值为0.23,说明样本企业的资产结构较为稳定。公司规模均值达到21.70,标准差为1.33,说明样本公司在规模上存在一定的差异。财务杠杆均值为0.48,说明样本公司平均债务融资将近占总资产的一半。两权分离程度均值为0.37,说明大股东股权相对集中。董事会独立性均值为0.36,说明样本中独立董事人数达到董事会总人数的36%。产权性质均值为0.32,说明32%的样本属于国有企业。

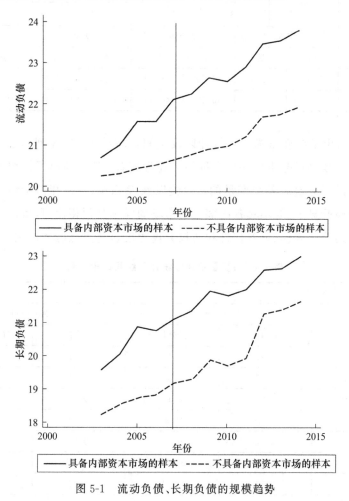

图 5-1 流动负债、长期负债的规模趋势

表 5-2　主要变量描述性统计

变量	观测值	平均值	标准差	最小值	50%分位值	最大值
ICM	17 906	0.27	0.28	0.00	0.19	2.65
Q	17 906	1.87	1.71	0.12	1.36	10.42
Cashflow	17 906	0.06	0.07	0.01	0.05	4.27
Tangibility	17 906	0.23	0.18	0.00	0.20	0.75
Size	17 906	21.70	1.33	18.68	21.52	26.47
Lev	17 906	0.48	0.25	0.05	0.48	1.84
Block	17 906	0.37	0.15	0.08	0.36	0.76
Independence	17 906	0.36	0.05	0.25	0.33	0.57
State	17 906	0.32	0.47	0.00	0.00	1.00

	Group	方差		最小值		均值		最大值	
		前	后	前	后	前	后	前	后
Debt	0	0.30	1.74	38.50	38.52	39.00	42.40	39.33	44.95
	1	0.85	1.18	40.27	40.36	41.66	45.04	42.44	46.77

　　表 5-3 列出了各变量描述性统计以及组间比较结果,组 A 列出了按照是否存在内部资本市场进行分组后各个变量的描述性统计,组 B 列出了按照是否存在内部资本市场进行分组后各个变量的 t 检验以及 Wilcoxon 秩和检验结果。进一步的组间差异检验显示,与不具备内部资本市场的样本公司相比,具备内部资本市场的样本公司的公司规模、财务杠杆和两权分离程度显著更低($p<0.01$)。

表 5-3　各变量描述性统计及组间比较结果

组 A:各变量描述性统计

	Group=0		Group=1	
变量	平均值	50%分位值	平均值	50%分位值
Q	1.99	1.46	1.41	0.97
Cashflow	0.07	0.04	0.07	0.04
Tangibility	0.22	0.18	0.27	0.23
Size	21.48	21.36	22.50	22.28
Lev	0.47	0.46	0.55	0.55
Block	36.74	34.52	42.33	42.49
Independence	0.36	0.33	0.36	0.33

续 表

组 B：组间比较

变量	Group=0 t 统计量	Group=1 z 统计量
Q	7.49***	29.23***
Cashflow	−2.41***	−3.76***
Tangibility	−15.19***	−13.70***
Size	−33.30***	−33.10***
Lev	−17.95***	−19.80***
Block	−26.10***	−26.07***
Independence	8.85***	8.56***

此外，本章还对主要变量进行了相关性分析，结果如表 5-4 所示。内部资本市场与现金流之间的相关系数为 0.010，在统计上并不显著。其他主要变量的相关系数基本上都小于 0.5，表明模型变量选取较合理，回归模型的变量之间没有严重的多重共线性问题。

5.3.2 多元回归分析

本章假设检验分为 3 个步骤：首先，验证内部资本市场对企业融资约束的影响；然后，验证物权法的颁布对企业融资约束的影响；最后，通过内部资本市场变量验证物权法颁布前后内部资本市场和融资约束之间的关系是否存在差异。

1. 假设 H_1 的检验：内部资本市场对企业融资约束的影响

为了检验内部资本市场与企业融资约束之间的关系，本章采用现金-现金流敏感性度量企业融资约束，采用企业集团内部资金往来程度度量企业内部资本市场活跃程度。同时，为了检验不同内部资本市场活跃程度对企业融资约束影响的差异，本章通过观察内部资本市场活跃程度的核密度函数（如图 5-2 所示），基于其分布特征将样本划分为内部资本市场低活跃度样本与内部资本市场高活跃度样本两组。其中，内部资本市场活跃程度低于 1 的样本为内部资本市场低活跃度样本；内部资本市场活跃程度高于 1 的样本为内部资本市场高活跃度样本。从表 5-5 第(1)栏全样本的回归结果可以看出，ICM×Cashflow 的系数为 −0.155，且在 1% 的水平上显著，验证了假设 H_1。

表 5-4 主要变量的相关性分析结果

		(1)	(2)	(3)	(4)	(5)	(6)	(7)	(8)	(9)	(10)	(11)	(12)
(1)	ΔCashholding	1											
(2)	PRL	−0.048ᵃ	1										
(3)	Group	0.010	−0.079ᵃ	1									
(4)	Q	0.011	0.028ᵃ	−0.024ᵃ	1								
(5)	Cashflow	0.136ᵃ	−0.014ᵇ	0.010	0.054ᵃ	1							
(6)	Tangibility	0.010	−0.140ᵃ	0.114ᵃ	−0.030ᵃ	−0.003	1						
(7)	Size	−0.024ᵃ	0.149ᵃ	0.257ᵃ	−0.081ᵃ	−0.026ᵃ	0.054ᵃ	1					
(8)	Lev	0.005	−0.075ᵃ	0.118ᵃ	0	0.050ᵃ	0.104ᵃ	0.196ᵃ	1				
(9)	Block	0.019ᵃ	−0.089ᵃ	0.179ᵃ	−0.028ᵃ	0.014ᵇ	0.079ᵃ	0.232ᵃ	−0.019ᵃ	1			
(10)	Independence	−0.013ᶜ	0.180ᵃ	−0.059ᵃ	0.018ᵇ	−0.006	−0.076ᵃ	0.062ᵃ	−0.044ᵃ	0.006	1		
(11)	State	0.024ᵃ	−0.314ᵃ	0.234ᵃ	−0.028ᵃ	0.014ᵇ	0.182ᵃ	0.103ᵃ	0.108ᵃ	0.200ᵃ	−0.137ᵃ	1	
(12)	Analyst	−0.013ᶜ	0.184ᵃ	0.066ᵃ	−0.006	0.059ᵃ	−0.062ᵃ	0.441ᵃ	0.004	0.033ᵃ	0.086ᵃ	−0.091ᵃ	1

注：上标 a、b 和 c 分别代表在 1%、5% 和 10% 的水平上显著（双尾）。

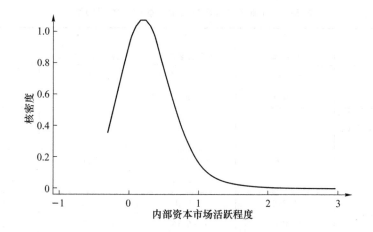

图 5-2 内部资本市场活跃程度的核密度函数曲线

在将样本分为上述两组之后,分别检验每组样本下内部资本市场活跃程度与企业融资约束之间的关系,从表 5-5 第(2)栏可以看出,在内部资本市场低活跃度样本中,内部资本市场活跃程度与企业融资约束之间的回归系数为 -0.242,且在 1% 的水平上显著,说明对于内部资本市场低活跃度样本而言,内部资本市场会缓解企业融资约束。从表 5-5 第(3)栏可以看出,在内部资本市场高活跃度样本中,内部资本市场活跃程度与企业融资约束之间的回归系数为 0.016,且在 10% 的水平上显著,说明对于内部资本市场高活跃度样本而言,内部资本市场会加重企业融资约束。上述结果说明,当内部资本市场活跃程度处于不同区间时,内部资本市场对企业融资约束的影响存在差异。

2. 假设 H_2 的检验:内部资本市场对企业融资约束的影响存在区间效应

为了检验假设 H_2,本章在模型(5-1)的基础上加入内部资本市场活跃程度的二次项,即得到模型(5-2),通过二次项系数来检验内部资本市场活跃程度对企业融资约束的影响是否存在区间效应,结果如表 5-5 第(4)栏所示,内部资本市场活跃程度与企业融资约束之间的回归系数为 -0.231,且在 1% 的水平上显著,内部资本市场活跃程度的二次项与企业融资约束之间的回归系数为 0.014,且在 10% 的水平上显著,说明内部资本市场活跃程度对企业融资约束的影响存在区间效应,验证了本章的假设 H_2。

表 5-5 内部资本市场与现金流敏感性的回归结果

变量	(1) 全样本	(2) 低活跃度样本	(3) 高活跃度样本	(4) 全样本
ICM×Cashflow	−0.155 (−3.63)***	−0.242 (−3.97)***	0.016 (1.81)*	−0.231 (−4.90)***
ICM²×Cashflow				0.014 (1.85)*
ICM	−0.008 (−1.72)*	−0.013 (−2.11)**	−0.007 (−0.58)	−0.008 (−1.61)
Cashflow	1.379 (16.97)***	−0.118 (−0.18)	1.197 (11.57)***	1.454 (1.97)**
Eqfin	0.010 (1.97)**	0.010 (1.93)*	0.004 (0.76)	0.010 (1.96)*
Q	0.001 (0.70)	0.001 (0.73)	−0.005 (−1.29)	0.001 (0.57)
Tangibility	2.281 (14.21)***	2.227 (12.44)***	2.348 (12.16)***	2.410 (14.27)***
Size	−0.029 (−1.76)*	−0.027 (−1.64)	−0.048 (−1.98)**	−0.038 (−1.70)*
Lev	−0.066 (−0.93)	−0.081 (−1.04)	0.124 (2.90)***	−0.070 (−0.95)
Block	0.004 (1.84)*	0.004 (1.83)*	0.001 (1.01)	0.004 (1.84)*
Independence	−0.077 (−0.60)	−0.088 (−0.69)	0.232 (1.24)	−0.060 (−0.46)
State	0.096 (1.52)	0.100 (1.54)	−0.014 (−0.47)	0.095 (1.51)
Constant	0.528 (2.25)	0.444 (1.99)**	1.119 (2.33)**	0.511 (2.24)**
行业	控制	控制	控制	控制
年份	控制	控制	控制	控制
观测值	17 906	11 614	6 292	17 906
R^2	0.024	0.024	0.005	0.025

注:***、**、*分别表示在1%、5%、10%的水平上显著,括号内为 t 值。

3. 假设 H_3 的检验：物权法的颁布对企业融资约束的影响

为了检验假设 H_3，本章将 Almeida 等（2004）建立的现金-现金流敏感性模型作为基准模型并对其进行改进。在模型中我们控制了 CSRC 标准下的制造业细分行业固定效应和年份固定效应，按公司聚类回归，以提高回归结果的稳健性。从表 5-6 第（1）栏可以看出，现金-现金流敏感性系数为 0.655，且在 1% 的水平上显著，说明公司在样本期间存在融资约束。PRL×Cashflow 的系数为 −0.144，且在 5% 的水平上显著，说明物权法作为一种外部治理手段能够显著改善企业的融资约束，验证了本章的假设 H_3。将样本分为具备内部资本市场的样本和不具备内部资本市场的样本并进行分组回归。从表 5-6 第（2）栏可以看出，在具备内部资本市场的样本中，PRL×Cashflow 的系数为 −0.223，且在 10% 的水平上显著。从表 5-6 第（3）栏可以看出，在不具备内部资本市场的样本中，PRL×Cashflow 的系数为 −0.138，且在 1% 的水平上显著，说明无论企业是否具备内部资本市场，物权法都能够在缓解企业融资约束方面产生显著作用。

表 5-6 物权法、内部资本市场与现金流敏感性的回归结果（一）

变量	(1) 全样本	(2) 具备内部资本市场的样本	(3) 不具备内部资本市场的样本
PRL	−0.268 (−1.19)	−0.699 (−1.12)	−0.040 (−0.58)
Cashflow	0.655 (8.91)***	0.279 (3.78)***	0.741 (15.56)***
PRL×Cashflow	−0.144 (−2.23)**	−0.223 (−1.75)*	−0.138 (−3.27)***
Eqfin	0.012 (1.87)*	0.032 (1.13)	0.007 (1.97)**
Q	0.000 (0.60)	0.007 (0.35)	0.000 (0.52)
Tangibility	0.210 (0.79)	0.760 (0.88)	−0.049 (−1.92)*
Size	−0.053 (−1.93)*	−0.133 (−0.98)	−0.036 (−2.74)***
Lev	−0.049 (−1.13)	−0.160 (−0.98)	−0.017 (−0.55)

续表

变量	(1) 全样本	(2) 具备内部资本市场的样本	(3) 不具备内部资本市场的样本
Block	0.003	0.004	0.003
	(1.74)*	(0.88)	(1.49)
Independence	0.007	0.976	−0.231
	(0.03)	(0.93)	(−1.98)**
State	0.014	0.032	0.018
	(0.46)	(0.65)	(0.42)
Constant	1.771	2.882	1.623
	(1.94)*	(1.07)	(1.68)*
行业	控制	控制	控制
年份	控制	控制	控制
观测值	17 906	6 761	11 145
R^2	0.006	0.010	0.011

注：***、**、*分别表示在1%、5%、10%的水平上显著，括号内为 t 值。

4. 假设 H_4 的检验：物权法的颁布对内部资本市场与企业融资约束之间关系的影响

为了检验假设 H_4，将样本分为物权法颁布前样本和物权法颁布后样本两组分别进行回归，结果如表 5-7 所示。从表 5-7 第(2)栏可以看出，Group×Cashflow 的系数为−2.072，且在 10% 的水平上显著，从表 5-7 第(3)栏可以看出，Group×Cashflow 的系数不再显著，这说明相比于物权法颁布前样本，物权法颁布后样本的内部资本市场与企业融资约束之间的负相关关系被削弱，即验证了本章的假设 H_4。这意味着相比于欧美法系以及德国法系的物权保护而言，尽管我国物权法颁布的时间不长，但是其作为一种来自法律层面的外部治理手段，已经在缓解企业融资约束方面产生了显著的作用，这种作用包括缓解企业外部融资约束，以及减弱企业对内部资本市场的融资依赖性。

表 5-7 物权法、内部资本市场与现金流敏感性的回归结果(二)

变量	(1) 全样本	(2) 物权法颁布前样本	(3) 物权法颁布后样本
Group	0.092	0.888	0.003
	(1.09)	(1.05)	(0.19)

续 表

变量	(1) 全样本	(2) 物权法颁布前样本	(3) 物权法颁布后样本
Cashflow	0.604	0.994	0.670
	(8.40)***	(2.68)**	(17.45)***
Group×Cashflow	−0.125	−2.072	−0.076
	(−1.68)*	(−1.95)*	(−1.11)
Eqfin	0.013	0.070	0.006
	(1.85)*	(1.16)	(1.93)*
Q	0.000	−0.223	0.000
	(0.49)	(−0.64)	(0.75)
Tangibility	−0.057	−0.406	−0.024
	(−1.90)*	(−0.96)	(−2.35)**
Size	−0.053	−0.843	−0.008
	(−1.07)	(−0.94)	(−0.31)
Lev	0.235	2.006	−0.056
	(0.81)	(0.94)	(−2.54)**
Block	0.003	0.007	0.002
	(1.87)*	(0.97)	(1.37)
Independence	−0.077	1.517	−0.144
	(−0.52)	(0.52)	(−1.55)
State	0.053	0.073	0.024
	(1.25)	(0.30)	(0.75)
Constant	1.854	7.833	1.363
	(1.92)*	(0.98)	(1.43)
行业	控制	控制	控制
年份	控制	控制	控制
观测值	17 906	4 802	13 104
R^2	0.005	0.027	0.012

注：***、**、*分别表示在1%、5%、10%的水平上显著，括号内为 t 值。

5.3.3 稳健性检验

为了进一步验证本章的主要发现，我们从如下方面进行稳健性检验：其一，采用倾向得分匹配法处理潜在的遗漏变量问题;其二,缩小时间窗口进行实证检验;其三,采用民营企业样本进行实证检验;其四,以投资-现金流敏感性度量现金流敏感性。

1. 采用倾向得分匹配法处理潜在的遗漏变量问题

由于物权法的实施对企业来说是外生冲击,因此通过模型设定可以在很大程度上避免反向因果引起的内生性问题。具备内部资本市场的企业和不具备内部资本市场的企业可能在许多方面都存在差异,虽然我们已经控制了模型中存在的差异,但由遗漏变量带来的内生性问题仍然有待解决。因此,我们使用 PSM 法进一步解决此问题。首先,我们将具备内部资本市场的企业作为处理组。基于最优临近匹配法,使用 logit 模型从其余的样本点中为处理组中的每个样本选择匹配样本并用其构成对照组。在剔除未被匹配进对照组企业的所有观测并完成匹配后,我们在留存的样本中重新进行本章的主要检验。在使用 PSM 法之前必须考察匹配方法是否满足假定前提。从表 5-8 可以看出,匹配后(M)所有变量的标准化偏差均小于 10%,而且 t 检验结果不能拒绝处理组与控制组无系统性差异的原假设。对比匹配前(U)的结果,匹配后(M)大多数变量的标准化偏差大幅降低。回归结果如表 5-9 所示,可以看出,PRL×Cashflow 的回归系数均显著。

表 5-8 匹配前后变量标准化偏差及两组间差异情况

变量	匹配前(U)、匹配后(M)	均值		标准化偏差/%	绝对值	t 检验	
		处理组	控制组			t	$p>\|t\|$
Eqfin	U	4.644 90	4.507 00	1.7	14.5	0.67	0.503
	M	4.644 90	4.527 00	1.5		0.62	0.536
Q	U	1.451 10	1.572 40	−6.6	80.0	−2.57	0.010
	M	1.451 10	1.475 40	−1.3		−0.58	0.562
Tangibility	U	0.241 90	0.229 40	6.4	75.9	2.49	0.013
	M	0.241 90	0.238 90	1.5		0.65	0.518
Size	U	22.239 00	22.023 00	14.8	78.8	5.74	0.000
	M	22.239 00	22.193 00	3.1		1.26	0.208
Lev	U	0.574 91	0.650 53	−1.2	−114.6	−0.50	0.616
	M	0.574 91	0.737 21	−2.6		−0.90	0.367
Block	U	42.841 00	40.997 00	11.4	89.0	4.45	0.000
	M	42.841 00	42.639 00	1.2		0.52	0.603

续表

变量	匹配前(U)、匹配后(M)	均值		标准化偏差/%	绝对值	t 检验	
		处理组	控制组			t	$p>\|t\|$
Independence	U	0.363 48	0.364 30	−1.3	−97.1	−0.50	0.621
	M	0.363 48	0.361 86	2.5		1.07	0.285
State	U	0.510 81	0.474 74	7.2	44.0	2.81	0.005
	M	0.510 81	0.531 01	−4.0		−1.71	0.088

表 5-9 采用倾向得分匹配法构建样本的回归结果

变量	(1) 全样本	(2) 具备内部资本市场的样本	(3) 不具备内部资本市场的样本
PRL	−0.572	−0.699	−0.184
	(−1.22)	(−1.12)	(−1.26)
Cashflow	0.387	0.279	0.632
	(1.93)*	(2.90)***	(7.29)***
PRL×Cashflow	−0.214	−0.223	−0.142
	(−1.89)*	(−1.75)*	(−2.80)***
Eqfin	0.023	0.032	0.007
	(1.26)	(1.13)	(1.90)*
Q	0.004	0.003	0.004
	(4.86)***	(1.63)	(4.61)***
Tangibility	0.006	−0.002	0.000
	(0.96)	(−0.34)	(0.02)
Size	−0.224	−0.200	−0.203
	(−1.29)	(−1.18)	(−1.20)
Lev	−0.060	−0.076	−0.071
	(−2.58)***	(−3.02)***	(−2.78)***
Block	0.149	0.170	0.164
	(2.11)**	(2.42)**	(2.46)**
Independence	0.002	0.002	0.002
	(2.69)***	(2.87)***	(2.83)***
Constant	1.893	3.358	0.586
	(1.20)	(1.22)	(3.21)***
行业	控制	控制	控制

续表

变量	(1) 全样本	(2) 具备内部资本市场的样本	(3) 不具备内部资本市场的样本
年份	控制	控制	控制
观测值	4 074	2 037	2 037
R^2	0.008	0.010	0.033

注：***、**、*分别表示在1%、5%、10%的水平上显著，括号内为t值。

2. 缩小时间窗口进行实证检验

考虑到本章结果可能由物权法颁布以外的其他事件引致，我们将数据时间窗口缩小至物权法颁布前后3年重新进行本章的检验。回归结果如表5-10和表5-11所示，可以看出之前的结论仍然稳健。

表5-10 缩小时间窗口进行实证检验的结果

变量	(1) 全样本	(2) 具备内部资本市场的样本	(3) 不具备内部资本市场的样本
PRL	−0.208 (−0.84)	−0.716 (−1.00)	0.055 (0.70)
Cashflow	0.529 (3.32)***	−0.234 (−0.27)	0.707 (12.11)***
PRL×Cashflow	−0.352 (−2.57)**	−0.588 (−1.30)	−0.226 (−5.36)***
Eqfin	0.013 (1.15)	0.025 (1.03)	0.017 (2.39)*
Q	−0.029 (−2.53)**	0.015 (−0.77)	−0.029 (−2.53)**
Tangibility	−0.421 (−1.31)	−0.016 (−0.31)	−0.421 (−1.31)
Size	−0.309 (−2.72)***	−0.016 (−1.57)	−0.309 (−2.72)***
Lev	0.099 (−1.23)	0.024 (−0.64)	0.099 (−1.23)
Block	0.003 (2.56)**	0.001 (−1.38)	0.003 (2.56)**

续 表

变量	(1) 全样本	(2) 具备内部资本市场的样本	(3) 不具备内部资本市场的样本
Independence	−0.795 (−1.97)**	−0.183 (−1.48)	−0.795 (−1.97)**
Constant	0.106 (−1.3)	0.019 (−0.92)	0.106 (−1.3)
行业	控制	控制	控制
年份	控制	控制	控制
观测值	5 470	1 593	3 877
R^2	0.010	0.016	0.022

注：***、**、*分别表示在1％、5％、10％的水平上显著，括号内为t值。

表 5-11 物权法、内部资本市场与现金流敏感性的回归结果（三）

变量	(1) 全样本	(2) 物权法颁布前样本	(3) 物权法颁布后样本
Group	0.017 (1.76)*	0.020 (2.17)**	−0.245 (−1.12)
Cashflow	0.699 (21.30)***	0.713 (23.00)***	0.696 (2.17)**
Group×Cashflow	−0.158 (−2.35)**	−0.167 (−2.40)**	1.232 (1.43)
Eqfin	0.004 (5.02)***	0.003 (4.34)***	0.019 (2.23)**
Q	−0.001 (−0.46)	0.001 (0.12)	0.143 (1.31)
Tangibility	−0.048 (−3.09)***	−0.057 (−3.86)***	−0.065 (−0.32)
Size	−0.024 (−5.63)***	−0.019 (−4.50)***	0.008 (0.06)
Lev	0.021 (2.11)**	0.020 (2.15)**	0.033 (0.20)
Block	0.001 (2.50)**	0.001 (2.00)**	0.012 (1.40)

续表

变量	(1) 全样本	(2) 物权法颁布前样本	(3) 物权法颁布后样本
Independence	−0.148 (−3.80)***	−0.081 (−2.56)**	−2.353 (−2.07)**
State	0.053 (1.25)	0.073 (0.30)	0.024 (0.75)
Constant	0.542 (6.38)***	0.429 (5.16)***	−0.337 (−0.12)
行业	控制	控制	控制
年份	控制	控制	控制
观测值	5 470	1 076	4 394
R^2	0.010	0.030	0.026

注：***、**、*分别表示在1%、5%、10%的水平上显著,括号内为 t 值。

3. 采用民营企业样本进行实证检验

2005年4月29日证监会发布了《关于上市公司股权分置改革试点有关问题的通知》,股权分置改革工作正式启动并于2006年年底完成。因此,融资约束的显著改善很有可能是由于股权分置改革,这会对建立物权法与融资约束之间的因果关系带来干扰。为了能够更好地观测物权法的颁布对融资约束的影响,我们单独对民营企业样本进行回归,从表5-12可以看出之前的结论仍然稳健。

表5-12 采用民营企业样本的回归结果

变量	(1) 全样本	(2) 具备内部资本市场的样本	(3) 不具备内部资本市场的样本	(4) 全样本
PRL	−0.151 (−2.77)***	−0.057 (−1.67)*	−0.174 (−2.63)***	−0.176 (−2.66)***
Cashflow	0.763 (17.32)***	0.755 (7.66)***	0.769 (16.92)***	0.765 (17.86)***
PRL×Cashflow	−0.165 (−4.71)***	−0.211 (−2.79)***	−0.162 (−4.56)***	−0.162 (−4.32)***
Group				−0.088 (−1.06)
Group×Cashflow				−0.474 (−1.74)*

续表

变量	(1) 全样本	(2) 具备内部资本市场的样本	(3) 不具备内部资本市场的样本	(4) 全样本
PRL×Group×Cashflow				0.440 (1.57)
PRL×Group				0.102 (1.23)
Eqfin	0.004 (4.86)***	0.003 (1.63)	0.004 (4.61)***	0.004 (4.89)***
Q	−0.001 (−0.30)	0.024 (0.60)	−0.001 (−0.77)	−0.001 (−0.23)
Tangibility	−0.057 (−3.36)***	−0.048 (−1.20)	−0.061 (−3.25)***	−0.056 (−3.36)***
Size	−0.021 (−4.84)***	−0.011 (−0.33)	−0.021 (−4.82)***	−0.021 (−4.88)***
Lev	0.016 (1.78)*	0.036 (0.69)	0.014 (1.74)*	0.014 (1.64)
Block	0.001 (2.59)***	−0.000 (−0.24)	0.001 (2.76)***	0.001 (2.47)**
Independence	−0.118 (−3.35)***	−0.086 (−0.57)	−0.122 (−3.30)***	−0.115 (−3.28)***
Constant	0.650 (6.49)***	0.313 (0.49)	0.636 (6.17)***	0.678 (6.57)***
行业	控制	控制	控制	控制
年份	控制	控制	控制	控制
观测值	10 230	1 525	8 705	10 230
R^2	0.084	0.069	0.090	0.084

注：***、**、*分别表示在1%、5%、10%的水平上显著，括号内为 t 值。

4. 以投资-现金流敏感性度量现金流敏感性

我们通过投资-现金流敏感性代替现金-现金流敏感性来度量现金流敏感性，进一步检验的结果依然稳健。从表5-13第(1)栏可以看出投资-现金流敏感性系数为0.038，且在1%的水平上显著，说明公司在样本期间存在融资约束。同时PRL×Cashflow的系数为−0.390，且在5%的水平上显著，说明物权法颁布后在平均意义上企业的融资约束改善了 39%，即物权法的颁布会改善企业的融资约束。表 5-13 第(4)栏中 PRL×Group×Cashflow 的系数为－0.157，结果不显著，说明物权法颁布前后，内部资本市场与企业融资约束之间的关系不再显著。

表 5-13　以投资-现金流敏感性度量现金流敏感性

变量	(1) 全样本	(2) 具备内部资本市场的样本	(3) 不具备内部资本市场的样本	(4) 全样本
PRL	－0.346 (－6.24)***	－0.274 (－2.51)**	－0.393 (－6.27)***	－0.397 (－6.48)***
Cashflow	0.038 (0.21)***	0.206 (0.59)	0.116 (0.70)	0.050 (0.29)
PRL×Cashflow	－0.390 (－2.35)**	－0.393 (－1.12)	－0.439 (－2.88)***	－0.422 (－2.95)***
Group				－0.113 (－1.00)
Group×Cashflow				0.032 (0.04)
PRL×Group×Cashflow				－0.157 (－0.17)
PRL×Group				0.162 (1.38)
Eqfin	0.014 (7.20)***	0.009 (1.98)**	0.015 (6.93)***	0.014 (7.19)***
Q	－0.029 (－2.66)***	0.046 (1.20)	－0.041 (－3.34)***	－0.029 (－2.59)***
Tangibility	2.318 (16.04)***	1.971 (7.41)***	2.358 (13.91)***	2.315 (15.95)***
Size	0.838 (31.92)***	0.947 (19.22)***	0.792 (26.68)***	0.837 (31.68)***
Lev	－0.133 (－1.34)	0.747 (2.84)***	－0.246 (－3.25)***	－0.135 (－1.37)
Block	0.003 (1.89)*	0.001 (0.23)	0.004 (2.09)**	0.003 (1.84)*

续表

变量	(1) 全样本	(2) 具备内部资本市场的样本	(3) 不具备内部资本市场的样本	(4) 全样本
Independence	−0.596 (−2.01)**	−0.835 (−1.38)	−0.537 (−1.60)	−0.588 (−1.99)**
State	0.115 (2.52)**	0.225 (2.61)***	0.073 (1.37)	0.111 (2.42)**
Constant	−1.156 (−1.97)**	−3.276 (−2.97)***	−0.148 (−0.22)	−1.081 (−1.83)*
行业	控制	控制	控制	控制
年份	控制	控制	控制	控制
观测值	17 906	6 761	11 145	17 906
R^2	0.063	0.072	0.088	0.064

注：***、**、*分别表示在1%、5%、10%的水平上显著，括号内为t值。

5.3.4 进一步的分析

5.3.3节的研究结果显示,随着物权法实施后物权保护的加强,外部融资挤出内部资本市场成为更有效的资本配置机制。进一步的问题是:还有哪些因素影响物权法与融资约束之间的关系? 换句话说,物权法对融资约束有哪些可能的影响机制? 本节尝试从内部治理水平和地区法律执行力度两个方面提供进一步的证据。

1. 考虑内部治理水平的影响

公司治理的重要作用就是通过监督激励保护股东的利益不被经理人和控股股东侵占。多数国有企业集团作为产权多元化机构缺乏足够的约束董事行为的手段,也未设立相应的投资决策委员会和审计委员会,董事会未能履行监督职能,集团内部存在严重的双层代理问题。通过对中国上市公司监事会治理绩效的评价与实证研究,李维安和王世权(2005)指出中国上市公司监事会的总体治理水平较低,大股东的持股比例对监事会治理的有效性具有显著影响。物权法赋予了债权人包括抵押物处理和优先受偿等多项权利,促进了债权人投资意愿的增强。治理水平较高的公司的代理成本较低,其能够为债权人提供更有效的保护机制,也更容易成为债权人的潜在的投资对象,以较低的成本获得大额融资。因此,治理水平较高的公司具有较低的融资约束水平。

如表 5-14 所示,我们根据两权分离程度和董事会独立性对样本进行分组检验。在 Low-block 组,PRL×Group×Cashflow 的系数为 0.864,t 值为 2.44;在 High-block 组中,PRL×Group×Cashflow 的系数为 0.269,t 值为 1.73。两者间的差异在 5% 的水平上通过了显著性检验,这说明对于两权分离程度更低的公司(Low-block 组),物权法的颁布对融资约束的改善更为显著。另外,在 High-independence 组中,PRL×Group×Cashflow 的系数为 1.861,t 值为 2.12;在 Low independence 组中,PRL×Group×Cashflow 的系数为 0.477,t 值为 1.54。两者间的差异在 5% 的水平上通过了显著性检验,这说明对于董事会独立性更高的公司(High-independence 组),物权法的颁布对融资约束的改善更为显著。当公司治理水平较高时,物权法对内部资本市场效率(缓解融资约束)的提高作用更为显著。

表 5-14 物权法、内部资本市场与现金流敏感性的分组回归结果(一)

变量	(1) Low-block	(2) High-block	(3) Low-independence	(4) High-independence
PRL×Group×Cashflow	0.864	0.269	0.477	1.861
	(2.44)**	(1.73)*	(1.59)	(2.12)**
Difference	\multicolumn{4}{c}{$P=0.031$**}			
PRL×Cashflow	−0.516	−0.294	−0.127	−0.583
	(−4.57)***	(−2.10)**	(−2.12)**	(−2.40)**
Group	0.071	0.714	0.183	1.367
	(1.57)	(1.24)	(1.51)	(1.03)
Cashflow	1.274	0.989	0.994	1.190
	(5.01)***	(39.70)***	(65.17)***	(4.84)***
Group×Cashflow	−0.684	−0.586	−0.382	−1.762
	(−2.69)***	(−1.20)	(−1.57)	(−1.20)
PRL×Group	0.077	−0.612	−0.125	−1.167
	(0.86)	(−0.99)	(−0.94)	(−0.82)
Eqfin	0.001	0.014	0.007	0.009
	(1.06)	(1.51)	(1.57)	(1.05)
Q	0.007	0.010	0.014	0.008
	(0.92)	(0.72)	(1.08)	(0.93)
Tangibility	−0.082	0.191	−0.153	0.345
	(−1.14)	(0.54)	(−2.46)**	(0.83)

续表

变量	(1) Low-block	(2) High-block	(3) Low-independence	(4) High-independence
Size	0.033	0.075	0.052	0.055
	(2.40)**	(2.05)**	(3.02)***	(1.61)
Lev	0.107	−0.078	−0.006	0.001
	(1.10)	(−0.67)	(−0.06)	(0.00)
Block	0.002	0.007	0.004	0.002
	(0.57)	(1.78)*	(1.68)*	(1.05)
Independence	0.056	−0.069	−0.691	−0.301
	(0.26)	(−0.26)	(−0.77)	(−1.28)
State	−0.061	0.038	−0.003	0.005
	(−1.37)	(1.12)	(−0.06)	(0.11)
Constant	0.895	1.389	1.549	1.063
	(3.16)***	(2.31)**	(2.84)***	(1.79)*
行业	控制	控制	控制	控制
年份	控制	控制	控制	控制
观测值	8 953	8 953	8 953	8 953
R^2	0.055	0.028	0.066	0.019

注：***、**、* 分别表示在1%、5%、10%的水平上显著，括号内为 t 值。

2. 考虑地区法律执行力度的影响

法律保护程度能够在很大程度上决定贷款发放的规模、债务期限以及贷款利息的界定，因此物权法对物权保护的促进会影响债权人的监管动机以及重新订立合约的能力。已有研究表明，地区法律制度的完善对于信用市场的发展具有促进作用，地区的法治环境会影响企业债务期限结构。法律保护（尤其是对知识产权的保护）可以增大银行信贷规模、提高信贷业绩（张健华 等，2012）。也有学者发现，地区的法治水平和金融发展水平会影响银行贷款规模和期限（余明桂 等，2008），法治和金融的发展减少了地方政府对银行信贷决策的干预，而这种干预被证实是低效率的。因此，较大的地区法律执行力度意味着物权在该地区能得到较有效的保障，可以进一步提高信贷质量并促使借贷者降低利息率、放宽抵押物范围、提供更长的贷款期限。

在表5-15中，我们根据地区法律执行力度对样本进行分组检验。在High-protection组中，PRL×Group×Cashflow的系数为1.710，t 值为1.97；在Lowprotection 组中,PRL×Group×Cashflow 的系数为 0.378,t 值为 0.59。这说明当公司所在地区的司法效率较高时,物权法提高内部资本市场效率(缓解融资约束)的作用更为显著。换言之,大的地区法律执行力度能提高公司获得外部债务融资的能力并降低现金流敏感性。

表 5-15 物权法、内部资本市场与现金流敏感性的分组回归结果(二)

变量	(1) Low-protection	(2) High-protection
PRL×Group×Cashflow	0.378	1.710
	(0.59)	(1.97)**
PRL×Cashflow	−0.226	−0.698
	(−2.38)***	(−2.82)***
Group	0.036	0.066
	(0.55)	(0.68)
Cashflow	0.977	1.199
	(41.05)***	(4.91)***
Group×Cashflow	2.219	−0.114
	(0.88)	(−0.44)
PRL×Group	−0.072	−0.048
	(−1.52)	(−1.99)**
Eqfin	0.017	0.007
	(1.40)	(1.32)
Q	0.008	0.013
	(0.71)	(0.66)
Tangibility	0.313	−0.043
	(0.79)	(−0.51)
Size	0.099	0.052
	(3.11)***	(3.27)***
Lev	0.140	−0.121
	(0.96)	(−1.73)*
Block	0.003	0.005
	(1.62)	(1.81)*
Independence	0.051	−0.602
	(0.15)	(−2.17)**

续表

变量	(1) Low-protection	(2) High-protection
State	0.034	0.136
	(0.70)	(2.34)**
Constant	1.758	1.183
	(3.96)***	(3.21)***
行业	控制	控制
年份	控制	控制
观测值	8 953	8 953
R^2	0.025	0.032

注:***、**、*分别表示在1%、5%、10%的水平上显著,括号内为 t 值。

本章小结

利用我国A股上市公司2001—2016年的经验数据,本章检验了内部资本市场对企业融资约束的影响。研究发现,全样本下内部资本市场与企业融资约束之间存在负相关关系,即从全样本的平均水平来看,内部资本市场能够缓解企业融资约束。本章通过观察内部资本市场活跃程度的核密度函数,依据内部资本市场活跃程度的分布特征将样本划分为内部资本市场低活跃度样本和内部资本市场高活跃度样本两组,检验发现,在这两组样本中内部资本市场活跃程度对企业融资约束的影响存在差异。在内部资本市场低活跃度样本中,内部资本市场活跃程度与企业融资约束之间呈负相关关系;在内部资本市场高活跃度样本中,内部资本市场活跃程度与企业融资约束之间呈正相关关系。进一步检验发现,全样本下内部资本市场活跃程度对企业融资约束的影响存在区间效应,即两者之间呈U形关系。当内部资本市场活跃程度相对较低时,内部资本市场活跃程度与企业融资约束之间呈负相关关系;当内部资本市场活跃程度相对较高时,内部资本市场活跃程度与企业融资约束之间呈正相关关系。在引入2007年颁布的物权法后,我们发现物权法颁布后企业的现金流敏感性下降,融资约束显著缓解。在物权法颁布的背景下研究内部资本市场活跃程度与企业融资约束之间的关系,发现内部资本市场与企业融资约束之间的负相关关系仅在物权法颁布之前存在。我们还发现物权法对于地区法律执行力度更大的企业以及内部治理水平更高的企业具有更为显著的影响。这些结果说明,物权法能够显著缓解企业融资约束,外部融资挤出内部资本市场成为更有效的资本配置机制。

基于本章的研究结论,得到以下管理启示。首先,企业构建内部资本市场的目的是缓解融资约束,但在缺乏有效的监督管理的情况下,其为双重代理问题的恶化提供了温床。因此,上市公司应该在完善信息披露制度的同时,构建控股股东监控体系,规范控股股东的行为。其次,内部资本市场活跃程度对企业融资约束的影响存在区间效应,而且债权人在对企业投资的过程中可能会着重关注企业的关联交易行为,因此企业必须强化内部资本市场约束制度监管,避免因关联交易和过度投资加重融资约束。最后,基于物权法的颁布在缓解融资约束中所发挥的显著作用,有关部门应该在制定和实施相关政策时,以债权人利益保护为核心,赋予债权人在财产分配中的相对优先权,加强责任保险制度建设,遵循实质公平的要求。这不仅有利于解决我国企业面临的财务问题,从根本上改善融资环境,而且对企业集团发挥内部资本市场的积极作用具有重大意义,为我国进一步完善物权法和推进法治建设提供理论参考。

第 6 章　物权法、内部资本市场与企业创新

目前我国经济发展正处于新旧动能接续转换、经济转型的关键时期,传统经济模式下日益扭曲的金融供给远远不能满足"新经济"的融资需求和资本交易需求,重新配置金融资源、重构金融服务与资本市场已经迫在眉睫。我国经济的转型升级离不开以创新为核心的产业发展路径和模式的巨变,鉴于创新项目的长期性和高风险性,处于信息劣势的外部人难以评估企业创新活动的优劣,进而导致企业外部融资成本增加,融资数额受限,带来企业创新投入不足的问题,因此内部资金成为企业创新的主要支持渠道(Hall,2002)。我国资本市场不够发达,那些依赖外部资本的行业和高科技行业更是如此,为了弥补市场不发达导致的效率低问题,企业大多通过构建内部资本市场进行融资。Seru(2014)发现内部资本市场对企业创新有抑制作用,在企业内部资本市场资源配置当中,部门为了争取稀缺资源会更关注短期业绩而非长期业绩,这会抑制企业创新。

Berkowitz 等(2015)指出 2007 年物权法的实施显著提高了我国的债权人保护水平,物权法包含了能够在很大程度上巩固私企物权的条款,在清算过程中债权人能够率先获得赔偿,同时债权人也能在抵押物遭到损毁的情况下得到全额赔偿。此外,物权法不仅将原材料、半成品、产品等存货纳入抵押资产范围,还明确应收账款和基金份额等资产权利可以合法出质,从而促使商业银行和其他金融机构增加向企业提供的流动性资产抵押贷款。物权法明确可以应收账款出质进行负债融资,增大了企业事后对应收账款的处置空间和灵活性,促进了应付账款形式的商业信用快速增加(钱雪松 等,2017)。此类保护措施有益于增强债权人的风险承担意愿(Houston et al.,2010),使其以更加优惠的条款为企业提供信贷资金支持(陈超 等,2014)。因为物权法显著地加大了私企所属物权的保护力度,增加了债权人的权

利,增强了债权人对抵押物的保护能力,所以在促进外部融资增长的同时显著促进了企业创新。在物权法颁布之前,由于缺乏物权法的基本规则和法律框架,因此已经颁布的破产法等法律也难以发挥其应有的作用。

本章可能的贡献主要体现在3个方面。第一,对于内部资本市场效率的研究,以往文献主要基于外部环境和公司特征的差异分析内部资本市场和外部资本市场之间的作用机制。而本章试图从连续变量的角度研究内部资本市场对企业创新的影响;与此同时基于内部资本市场活跃程度的核密度函数,将样本分为内部资本市场低活跃度样本、内部资本市场适度活跃样本和内部资本市场高活跃度样本3组,分别研究这3组样本中内部资本市场对企业创新的影响,以此来体现内部资本市场不同活跃程度对企业创新的影响差异。本章研究发现,在内部资本市场低活跃度和适度活跃样本中,内部资本市场活跃程度与企业创新之间存在负相关关系,且相比于适度活跃样本,低活跃度样本中内部资本市场对企业创新的影响更大;在内部资本市场高活跃度样本中,内部资本市场活跃程度与企业创新之间存在正相关关系。更重要的是,本章研究发现,内部资本市场活跃程度对企业创新的影响存在区间效应,即两者之间呈 U 形关系。第二,由于法律制度改革中自然实验的稀缺性,现有文献大多使用跨国或跨省等区域数据检验法律制度与金融发展之间的关系,只有少数文献尝试使用外生法律改革经验证据研究法与金融关系。本章研究发现,物权法的颁布显著促进了企业创新。同时,本章在物权法颁布的背景下研究内部资本市场活跃程度与企业创新之间的关系,发现物权法在促进企业创新的同时加重了内部资本市场与企业创新之间的负相关关系,物权法与企业创新的正相关关系仅存在于内部资本市场低活跃度样本和适度活跃样本中。第三,与以往研究囿于单一视角考察内部资本市场不同,本章揭示了物权法对企业创新的影响随着内部资本市场活跃程度的不同而存在显著差异。这对企业集团内部资本市场发挥积极作用,进一步推进法治建设、加强证券市场监管和实施创新驱动发展战略均有重要意义。

6.1 理论推导与假设提出

企业创新活动需要企业持续、长期地投入大量资金,受制于我国信贷环境和银企关系,大多数企业既无法通过提供大量有形资产抵押获得债务融资,也很难产生稳定的现金流以偿还银行债务,因此选择通过构建内部资本市场来支持企业创新。张杰等(2012)发现,融资约束对民营企业研发投入造成了显著的抑制效应;企业研发投入融资主要来源于自身现金流、增加的注册资本及商业信用,而银行贷款对企业研发投入有负面影响。内部资本市场一方面可以通过"多钱效应"和"活钱效应"发挥资本配置功能,另一方面会导致双重代理问题和大股东掏空行为,进而抑制企业研发创新。我国内部资本市场具有明显的机会主义特征,其配置方式是低效或无效的(邵军 等,2007;万良勇,2006;左和平 等,2011)。内部资本市场活跃程度较高容易导致监督不力和管理失当问题并带来双重代理问题,尤其是过度投资问题和大股东掏空行为的恶化问题。当企业中的代理问题或信息不对称问题严重时,高管会通过内部资本市场资金进行过度投资(Matsusaka et al.,2002)。以往文献通过考察大股东与上市公司各种形式的关联交易、关联交易事件公告的市场反应以及更直接的资金占用等验证大股东在集团内部的利益输送现象(Cheung et al.,2006;Jiang et al.,2010;Jian et al.,2010;Peng et al.,2011)。Seru(2014)进一步指出内部资本市场会抑制企业创新,企业内部形成的资本市场和要素市场为大股东掏空上市公司提供了运作平台,大股东可以方便地通过关联交易、资金占用等手段进行利益转移(Khanna,2000;Jian et al.,2010;Jiang et al.,2010)。因此,本章提出如下假设:

H_1:内部资本市场活跃程度与企业创新之间呈负相关关系。

内部资本市场对企业创新的影响存在差异。已有文献主要集中考察了融资约束(鞠晓生 等,2013)、员工激励(Chang et al.,2011)、高管特质(Sunder,2017;虞义华,2018)、公司治理(Balsmeier et al.,2017;Li et al.,2017;孔东民 等,2017)、资本市场(Chemmanur et al.,2014;Chang,2019;陈思 等,2017)、政策不确定性(Atanassov et al.,2015;顾夏铭 等,2018)等因素对企业创新的影响。但是学界对于内部资本市场对企业创新的影响的研究明显不足。企业创新是一个长期的过程,需要大量的、稳定的、持续的研发投入作为支撑。然而,创新所固有的高风险性和高不确定性特征使得企业创新往往受到比较严重的融资约束困扰。Seru(2014)指出内部资本市场会抑制企业创新,企业并购会降低研发产量。控股股东通过复杂的金字塔结构,能利用较少的资本控制较多的资源,这造成控制权和现金流权的分离并导致大股东将经济资源从金字塔底层向上层转移的掏空行为,引发代理问题,降低公司绩效(Lemmon et al.,2003),减少企业进行创新活动所需要的现金流。也有研究认为内部资本市场有助于促进企业创新,黄俊和陈信元(2011)深入考察了集团化经营对企业研发投资的影响并发现了集团化经营促进了企业研发,具体表现为集团企业的研发投资显著多于非集团企业。企业内部资本市场的运作会使企业自身现金流充裕,增加现金持有量,改善运营资本管理水平(黄俊 等,2011;张杰 等,2012;卢馨 等,2013;鞠晓生 等,2013),进一步显著促进企业创新。江轩宇(2016)发现地方国有企业的金字塔层级与企业创新显著正相关,金字塔结构赋予控股股东更大的权限进行企业集团的构建,通过内部资本市场减少企业对资金等要素需求的市场摩擦(Khanna et al.,2001;李增泉 等,2008)。具体而言,内部资本市场活跃程度的差异会影响内部资本市场对企业创新的作用机制。因此,本章提出如下假设:

H_2:内部资本市场对企业创新的影响存在区间效应;当内部资本市场活跃度较低时,内部资本市场活跃程度与企业创新之间呈负相关关系;当内部资本市场活跃度较高时,内部资本市场活跃程度与企业创新之间呈正相关关系。

企业研发活动高度依赖资金持续投入,而物权法的颁布能促进债权人保护并降低企业融资成本(陈超 等,2014),尤其是在外源融资需求程度高的企业中,物权法的颁布能够带动长期借款及商业信用显著增加,改善企业研发创新活动的融资约束,促进企业创新(姜军 等,2017)。物权法不仅给予了抵押物更多保护,而且在企业违约时给予债权人更多权利去获得担保资产(Berkowitz et al.,2015),此类保护措施有助于增强债权人的风险承担意愿(Houston et al.,2010),使其为企业提供条件更为优惠的信贷资金支持(陈超 等,2014)。张璇等(2017)指出当企业遭遇信贷寻租时,融资约束对企业创新的制约作用更强;法律保护的完善一方面体现为债券市场供给充裕(刘启亮 等,2008),企业债务融资增加和杠杆率上升(魏锋 等,2009);另一方面体现为长期借款规模扩大和长期借款比率升高(Demirgüç-Kunt et al.,1999)。同时也有大量文献表明良好的法律环境可以改善公司治理水平、降低权益融资成本、优化债务分配以及提升企业投资效率(王鹏,2008;陈德球 等,2013;沈艺峰 等,2005;张健华 等,2012;万良勇,2013)。且金融发展水平的提高(解维敏 等,2011)和银行竞争的加剧(唐清泉 等,2015)会导致市场信贷资金供给更加充分,进而促进企业创新。因此,本章提出如下假设:

H_3:物权法的颁布会促进企业创新。

内部资本市场因其活跃程度存在差异,对于企业融资约束以及大股东掏空行为的影响有所不同,所以对于企业创新的影响也存在差异。一方面,集团成员之间以及集团不同业务之间的现金流能够互补以实现资金规模经济效应(王峰娟 等,2013;吴秋生 等,2017)。另一方面,内部资本市场会加剧集团中的代理问题或信息不对称问题,高管会通过内部资本市场资金进行过度投资(Matsusaka et al.,2002)。姜军等(2017)研究发现破产法和物权法实施后,在外源融资需求程度高的企业中创新水平明显较高,这表明法律保护水平的提高对企业创新具有积极的促进作用。通过将原材料、半成品、产品等存货纳入抵押资产范围,以及明确应收账款和基金份额等资产权利可以合法出质,物权法促使商业银行和其他金融机构增加向企业提供的流动性资产抵押贷款。同时物权法明确可以应收账款出质进行负债融资,增大了企业事后对应收账款的处置空间和灵活性,促进了应付账款形式的商业信用快速增加(钱雪松 等,2017)。尽管物权法的颁布能够显著缓解融资约束,进而促进企业创新,但对于具备内部资本市场的企业而言,由于代理问题的存在,物权法对于融资约束的改善并不能使现金流有效地投入研发当中,反而加重了过度投资问题,恶化了大股东掏空行为,最终抑制了企业创新。因此,本章提出如下假设:

H_4:总体而言,物权法的颁布会加重内部资本市场与企业创新之间的负相关关系。

6.2 研究设计

6.2.1 数据来源与样本选择

我们通过各公司的母公司是否设立财务公司来衡量公司是否存在内部资本市场虚拟变量Group。由于中国企业为了实现资本运作常常设立复杂的控制链条进行交叉持股,因此本章通过以下步骤来收集数据:按照中国财务公司协会所提供的中国财务公司名单搜索该财务公司所隶属的母公司,依次获取财经网站官方披露的母公司旗下的上市公司名单,最终得到样本期间上市公司内部资本市场虚拟变量Group数据。

本章基于2001—2016年沪深两市的所有(32 543个)上市公司的公司-年度观测进行如下筛选：①剔除金融保险业上市公司；②由于随后的分析需要使用上一年度的数据,因此剔除上市时间少于一年的观测；③剔除其他数据缺失的样本公司。我们最终获得9 768个样本观测值。在上下1%处对主要连续型变量进行Winsorize处理以排除异常值的干扰。同时,在所有回归中对标准误进行公司维度的Cluster处理以控制潜在自相关问题。所有实验数据均来自国泰安(CSMAR)和万得(WIND)金融数据库。

6.2.2 变量定义和模型设计

本章设置了以下实证模型以验证研究假设。

第一,为了检验内部资本市场对企业创新的影响,参考以往文献(姜军 等,2017)建立了模型(6-1)。其中,被解释变量为企业专利申请数量,解释变量为内部资本市场活跃程度。在回归分析过程中,加入影响企业创新的主要控制变量。

$$\ln(PAT+1)_{it} = \beta_0 + \beta_1 ICM_{it} + B \times Controls + \varepsilon_{it} \qquad (6\text{-}1)$$

第二,现有研究表明内部资本市场可能促进企业创新,也可能抑制企业创新,没有尝试通过区间效应解释内部资本市场对企业创新的影响。参照谢军和黄志忠(2014),我们采用企业集团内部资金往来程度这一连续变量度量企业内部资本市场活跃程度(通过关联方应付金额和关联方应收金额总和取自然对数衡量)。基于模型(6-1)分别在全样本下以及内部资本市场低活跃度、内部资本市场适度活跃和内部资本市场高活跃度3组样本下检验内部资本市场活跃程度与企业创新之间的关系,即检验假设 H_2,也就是检验内部资本市场活跃程度与企业创新之间是否存在非线性关系。据此本章在模型(6-1)中加入内部资本市场活跃程度二次项,以进一步进行检验,具体模型如下：

$$\ln(PAT+1)_{it} = \beta_0 + \beta_1 ICM_{it} + \beta_2 ICM_{it}^2 + B \times Controls + \varepsilon_{it} \qquad (6\text{-}2)$$

第三,为了检验假设 H_3,首先本章在全样本下以及内部资本市场低活跃度、适度活跃和高活跃度3组样本下分别检验物权法的颁布与企业创新之间的关系。具体模型如式(6-3)所示。然后本章检验在3组样本下物权法的颁布和大股东掏空行为之间的回归关系是否存在差异。

$$\ln(PAT+1)_{it} = \beta_0 + \beta_1 PRL_{it} + B \times Controls \qquad (6\text{-}3)$$

第四，本章对姜军等(2017)建立的模型进行了改进，以此检验假设 H_4。按照物权法颁布前和物权法颁布后将样本分为两组，检验两组样本下内部资本市场活跃程度与企业创新之间的回归关系是否存在差异。在模型(6-4)中解释变量 ICM 为内部资本市场活跃程度连续变量。

$$\ln(PAT+1)_{it} = \beta_0 + \beta_1 ICM_{it} + B \times Controls \quad (6-4)$$

在模型(6-4)中，下标 i 代表企业，下标 t 代表年度。参考以往文献(姜军 等，2017)，我们用企业第 t 年的专利申请数量衡量企业创新水平。模型(6-3)中的被解释变量 $\ln(PAT+1)_{it}$ 表示企业 i 在第 t 年的专利申请数量，代表企业创新水平。模型(6-3)中的解释变量 PRL 为虚拟变量，如果第 t 年处于物权法颁布后，则 PRL 取值为 1，否则取值为 0。模型(6-4)中的解释变量 ICM 通过关联方应付金额和关联方应收金额总和除以期初总资产来衡量。我们在模型(6-1)加入控制变量：①公司特征相关变量，如公司规模、公司盈利性、财务杠杆、上市年限、管理费用、固定资产比例、产权性质等；②公司治理相关变量，如董事会独立性、公司成长性、两权分离程度。最后，我们还控制了行业和年度固定效应。表 6-1 列示了模型中各变量的定义。

表 6-1 变量定义表

变量类别	变量代码	变量名称	变量定义
被解释变量	$\ln(PAT+1)_{it}$	企业创新	企业 i 在第 t 年的专利申请数量
解释变量	PRL_{it}	物权法	第 t 年是否处于物权法颁布之后虚拟变量，是则取 1，否则取 0
	ICM_{it}	内部资本市场活跃程度	企业集团内部相互资金往来程度：关联方应付金额和关联方应收金额总和除以期初总资产。关联性资金往来的总额能够恰当地反映内部资本市场的规模和活跃度
	$Group_{it}$	内部资本市场虚拟变量	企业是否具有内部资本市场虚拟变量，是则取 1，否则取 0
调节变量	$Analyst_{it}$	分析师跟踪人数	第 t 年上市企业分析师跟踪人数
	$Accm_{it}$	累计操纵性应计	第 t 年上市企业前后三年累计操纵性应计
	$Protection_{it}$	地区法律执行力度	第 t 年上市企业所在省份的地区法律执行力度

续表

变量性质	变量代码	变量名称	变量定义
控制变量	$Cashflow_{it}$	经营现金流量	第 t 年末企业经营活动现金流量净额与该年末总资产之比
	$Eqfin_{it}$	股权融资规模	第 t 年末吸收权益性投资收到的现金总额取自然对数
	Roa_{it}	公司盈利性	第 t 年末总资产收益率
	Age_{it}	上市年限	第 t 年上市年限取自然对数
	$Mfee_{it}$	管理费用	第 t 年末管理费用/该年末总资产
	Q_{it}	公司成长性	第 t 年企业股权市场价值＋负债账面价值/总资产账面价值
	$Tangibility_{it}$	固定资产比例	第 t 年末固定资产/该年末总资产
	$Size_{it}$	公司规模	第 t 年末总资产取自然对数
	Lev_{it}	财务杠杆	第 t 年末总负债/该年末总资产
	$Block_{it}$	两权分离程度	第 t 年大股东持股比例
	$Independence_{it}$	董事会独立性	第 t 年独立董事比例
	$State_{it}$	产权性质	企业是不是国有企业虚拟变量,是则取1,否则取0

6.3 实证结果分析

6.3.1 描述性统计分析

对全样本中主要变量的描述性统计如表6-2所示,当Group等于0(企业不存在内部资本市场)时,物权法颁布前后企业创新的均值由1.14上升至1.82。当Group等于1(企业存在内部资本市场)时,物权法颁布后企业创新的均值由1.44上升至2.17,说明物权法的颁布能够显著促进企业创新。内部资本市场活跃程度的均值是3.04,与最大值3.50相比仍有较大的上升空间,说明我国内部资本市场活跃程度仍然处于比较低的水平。在主要控制变量方面,公司成长性的均值为1.42,其最大值达到22.89,说明多数样本公司的市场价值在资本市场上处于被低估状态。

固定资产比例的均值为 0.23,说明样本公司的资产结构较为稳定。公司盈利性的均值达到 0.03,标准差为 0.09,说明样本公司的资产回报率存在一定差异。财务杠杆的均值为 0.50,说明样本公司的平均债务融资将近占总资产的一半。两权分离程度的均值是 0.37,说明大股东股权相对集中。董事会独立性的均值为 0.36,说明样本公司中独立董事人数达到董事会总人数的 36%。产权性质的均值为 0.49,说明 49% 的样本公司属于国有企业。

表 6-2 主要变量描述性统计

变量	观测值	平均值	标准差	最小值	50%分位值	最大值
ln(PAT+1)	9 768	2.02	1.85	0.00	1.79	8.86
ICM	9 768	3.04	0.10	2.03	3.05	3.50
Eqfin	9 768	4.22	7.74	0.00	0.00	10.42
Roa	9 768	0.03	0.09	−1.16	0.03	0.22
Age	9 768	2.16	0.67	0.00	2.30	3.21
Mfee	9 768	0.04	0.05	−0.01	0.03	2.50
Q	9 768	1.42	1.51	0.04	1.01	22.89
Cashflow	9 768	0.09	0.14	0.01	0.06	4.69
Tangibility	9 768	0.23	0.19	0.00	0.20	0.92
Size	9 768	22.19	1.47	16.21	21.97	30.34
Lev	9 768	0.50	0.33	0.01	0.50	0.84
Block	9 768	0.37	0.15	0.08	0.36	0.76
Independence	9 768	0.36	0.65	0.25	0.33	0.57
State	9 768	0.49	0.50	0.00	0.00	1.00
Analyst	9 768	4.90	7.50	0.00	6.00	22.00

	Group	方差		最小值		均值		最大值	
		前	后	前	后	前	后	前	后
ln(PAT+1)	0	1.24	1.53	0	0	1.14	1.82	5.95	8.86
	1	1.53	1.92	0	0	1.44	2.17	7.18	8.76

表 6-3 列出了各变量描述性统计以及组间比较结果,其中组 A 按照是否存在内部资本市场分组列出了各变量描述性统计,组 B 汇总了按照是否存在内部资本

市场进行分组后各个变量的 t 检验以及 Wilcoxon 秩和检验结果。组间差异检验显示具备内部资本市场的样本公司的公司规模、财务杠杆和两权分离程度显著低于不具备内部资本市场的样本公司($p<0.01$)。此外,本章还对主要变量进行了相关性分析,结果如表 6-4 所示。内部资本市场与企业创新之间的相关系数为 0.01,结果并不显著。其他主要变量的相关系数基本上都小于 0.5,表明回归模型的变量选取较合理,变量之间没有严重的多重共线性问题。

表 6-3 各变量描述性统计及组间比较结果

组 A:各变量描述性统计

变量	Group=0		Group=1	
	平均值	50%分位值	平均值	50%分位值
ln(PAT+1)	1.99	1.46	1.41	0.97
Cashflow	0.07	0.04	0.07	0.04
Tangibility	0.22	0.18	0.27	0.23
Size	21.48	21.36	22.50	22.28
Lev	0.47	0.46	0.55	0.55
Block	36.74	34.52	42.33	42.49
Independence	0.36	0.33	0.36	0.33

组 B:组间比较

变量	Group=0	Group=1
	t 统计量	z 统计量
ln(PAT+1)	−7.07***	−4.97***
Cashflow	−2.41***	−3.76***
Tangibility	−15.19***	−13.70***
Size	−33.30***	−33.10***
Lev	−17.95***	−19.80***
Block	−26.10***	−26.07***
Independence	8.85***	8.56***

注:***、**、* 分别表示 1%、5%、10%的显著性水平。

表 6-4 模型主要变量的相关性结果

	(1)	(2)	(3)	(4)	(5)	(6)	(7)	(8)	(9)	(10)	(11)
(1) ln(PAT+1)	1.000										
(2) PRL	0.028[a]	1.000									
(3) Group	−0.024[a]	−0.079[a]	1.000								
(4) Cashflow	0.054[a]	−0.014[b]	0.010	1.000							
(5) Tangibility	−0.030[a]	−0.140[a]	0.114[a]	−0.003	1.000						
(6) Size	−0.081[a]	0.149[a]	0.257[a]	−0.026[a]	0.054[a]	1.000					
(7) Lev	0.000	−0.075[a]	0.118[a]	0.050[a]	0.104[a]	0.196[a]	1.000				
(8) Block	−0.028[a]	−0.089[a]	0.179[a]	0.014[b]	0.079[a]	0.232[a]	−0.019[a]	1.000			
(9) Independence	0.018[b]	0.180[a]	−0.059[a]	−0.006	−0.076[a]	0.062[a]	−0.044[a]	0.006	1.000		
(10) State	−0.028[a]	−0.314[a]	0.234[a]	0.014[b]	0.182[a]	0.103[a]	0.108[a]	0.200[a]	−0.137[a]	1.000	
(11) Analyst	−0.006	0.184[a]	0.066[a]	0.059[a]	−0.062[a]	0.441[a]	0.004	0.033[a]	0.086[a]	−0.091[a]	1.000

注:上标 a、b 和 c 分别代表在 1%、5%、10% 的水平上显著(双尾)。

6.3.2 多元回归分析

本章假设检验分为3个步骤:首先,验证内部资本市场对于企业创新的影响;其次,验证物权法的颁布对于企业创新的影响;最后,通过内部资本市场变量验证物权法颁布前后内部资本市场和企业创新之间的关系是否存在差异。

1. 假设 H_1 的检验:内部资本市场对企业创新的影响

为了检验内部资本市场与企业创新之间的关系,本章采用专利申请数量衡量企业创新水平,采用企业集团内部相互资金往来程度度量企业内部资本市场活跃程度。同时,为了检验不同内部资本市场活跃程度对于企业创新影响的差异,本章通过观察内部资本市场活跃程度的核密度函数(如图6-1所示),基于其分布特征将样本划分为内部资本市场低活跃度样本、内部资本市场适度活跃样本与内部资本市场高活跃度样本3组。其中,将内部资本市场活跃程度低于2.8的样本划分为内部资本市场低活跃度样本;将内部资本市场活跃程度高于3.2的样本划分为内部资本市场高活跃度样本;将内部资本市场活跃程度介于2.8与3.2之间的样本划分为内部资本市场适度活跃样本。从表6-5第(1)栏全样本回归结果可以看出,ICM 的系数为-0.712,且在1%的水平上显著,验证了假设 H_1,即内部资本市场会抑制企业创新。在将样本分为内部资本市场低活跃度样本、内部资本市场适度活跃样本与内部资本市场高活跃度样本3组之后,分别检验每组样本下内部资本市场活跃程度与企业创新之间的关系,发现在内部资本市场低活跃度样本中,内部资本市场活跃程度与企业创新之间的回归系数为-0.732,且在5%的水平上显著,说明对于内部资本市场低活跃度样本而言,内部资本市场会抑制企业创新;在内部资本市场适度活跃样本中,内部资本市场活跃程度与企业创新之间的回归系数为-1.042,且在5%的水平上显著,说明对于内部资本市场适度活跃样本而言,内部资本市场会抑制企业创新,且相比于内部资本市场低活跃度样本,内部资本市场适度活跃样本中内部资本市场活跃程度对企业创新的影响更大;在内部资本市场高活跃度样本中,内部资本市场活跃程度与企业创新之间的回归系数为9.088,且在1%的水平上显著,说明对于内部资本市场高活跃度样本而言,内部资本市场会促进企业创新。上述结果说明,当内部资本市场活跃程度处于不同区间时,内部资本市场活跃程度对企业创新的影响存在差异。

2. 假设 H_2 的检验:内部资本市场对于企业创新的影响存在区间效应

为了检验假设 H_2,本章在模型(6-1)的基础上加入内部资本市场活跃程度二次项,即得到模型(6-2),通过二次项系数来验证内部资本市场活跃程度对企业创新的影响是否存在区间效应,结果如表6-5所示。从表6-5第(5)栏可以看出,内部资本市场活跃程度与企业创新之间的回归系数为-1.23,且在5%的水平上显著,内部资本市场二次项与企业创新之间的回归系数为0.145,且在5%的水平上显著,说明内部资本市场活跃程度对企业创新的影响存在区间效应,验证了本文的假设 H_2。

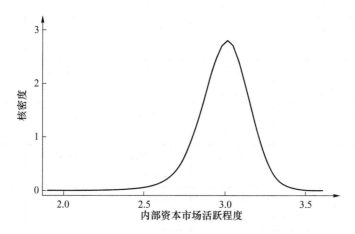

图 6-1 内部资本市场活跃程度的核密度函数曲线

表 6-5 内部资本市场与企业创新的回归结果

变量	(1) 全样本	(2) 低活跃度样本	(3) 适度活跃样本	(4) 高活跃度样本	(5) 全样本
ICM	-0.712 (-2.82)***	-0.732 (-2.46)**	-1.042 (-2.55)**	9.088 (3.50)***	-1.23 (-2.14)**
ICM^2					0.145 (2.75)**
Cashflow	-0.377 (-2.94)***	-2.774 (-2.61)***	-0.401 (-3.16)***	1.521 (1.39)	-0.378 (-2.95)***
Eqfin	0.005 (2.06)**	-0.012 (-1.35)	0.005 (2.18)**	-0.001 (-0.10)	0.005 (2.06)**
Roa	0.199 (1.32)	-0.978 (-0.59)	0.327 (0.83)	7.413 (1.33)	0.199 (1.31)
Age	-0.317 (-9.12)***	-0.385 (-3.70)***	-0.304 (-8.49)***	0.037 (0.15)	-0.317 (-9.12)***

续表

变量	(1) 全样本	(2) 低活跃度样本	(3) 适度活跃样本	(4) 高活跃度样本	(5) 全样本
Mfee	9.873	6.844	9.947	11.846	9.874
	(7.04)***	(2.03)**	(7.31)***	(1.14)	(7.04)***
Q	−0.026	0.051	−0.039	−0.086	−0.026
	(−2.20)**	(1.66)*	(−3.07)***	(−0.65)	(−2.20)**
Tangibility	0.512	0.603	0.477	1.053	0.511
	(10.84)***	(4.58)***	(10.02)***	(6.30)***	(10.80)***
Size	0.286	0.668	0.387	−2.436	0.285
	(1.79)*	(1.30)	(2.37)**	(−2.31)**	(1.77)*
Lev	−0.370	−0.362	−0.430	−0.222	−0.370
	(−1.93)*	(−0.65)	(−2.33)**	(−0.17)	(−1.92)*
Block	−0.003	0.003	−0.004	−0.009	−0.003
	(−1.34)	(0.64)	(−1.83)*	(−0.78)	(−1.35)
Independence	0.542	1.032	0.610	2.836	0.543
	(1.58)	(1.12)	(1.73)*	(1.38)	(1.58)
State	−0.094	−0.151	−0.077	−0.207	−0.094
	(−1.50)	(−0.75)	(−1.21)	(−0.56)	(−1.50)
Analyst	0.005	0.007	0.006	0.000	0.005
	(6.54)***	(3.50)***	(7.11)***	(0.05)	(6.52)***
Constant	−8.471	−42.185	−9.083	−52.690	−7.516
	(−7.87)***	(−1.29)	(−6.56)***	(−6.13)***	(−1.14)
行业	控制	控制	控制	控制	控制
年份	控制	控制	控制	控制	控制
观测值	9 747	493	9 039	215	9 747
R^2	0.272	0.282	0.261	0.676	0.272

注：***、**、*分别表示1%、5%、10%的显著性水平。

3. 假设 H_3 的检验：物权法的颁布对于企业创新的影响

为了检验假设 H_3，本章参照姜军等(2017)对模型(6-3)进行回归分析。在模型中我们控制了 CSRC 标准下的制造业细分行业固定效应和年份固定效应，按企业聚类回归，以提高回归结果的稳健性。从表6-6第(1)栏可以看出 PRL 的系数为0.275，且在1%的水平上显著，说明物权法颁布后在平均意义上企业专利申请数量增加了,即物权法的颁布会促进企业创新,验证了本文的假设 H_3。这意味着物权法的颁布通过确立信贷者的权利和义务,已经能够显著促进企业创新了。

表 6-6 物权法的颁布对内部资本市场与企业创新之间关系影响的回归结果

变量	(1) 全样本	(2) 低活跃度样本	(3) 适度活跃样本	(4) 高活跃度样本	(5) 全样本
PRL	0.275 (3.66)***	2.852 (2.03)**	3.803 (3.10)***	−31.259 (−3.48)***	4.724 (3.09)***
PRL×ICM		−0.814 (−1.59)	−1.175 (−2.87)***	9.384 (3.45)***	−1.488 (−2.87)***
ICM					0.627 (1.25)
Cashflow	−0.387 (−2.98)***	−2.837 (−2.72)***	−0.401 (−3.18)***	1.458 (1.38)	−0.376 (−2.97)***
Eqfin	0.005 (2.12)**	−0.010 (−1.09)	0.005 (2.36)**	−0.001 (−0.08)	0.005 (2.29)**
Roa	0.140 (0.94)	−0.701 (−0.42)	0.429 (1.10)	6.172 (1.13)	0.232 (1.53)
Age	−0.345 (−9.99)***	−0.397 (−3.82)***	−0.312 (−8.60)***	0.039 (0.16)	−0.324 (−9.23)***
Mfee	10.224 (7.29)***	7.506 (2.12)**	10.030 (7.37)***	13.753 (1.31)	10.004 (7.17)***
Q	−0.029 (−2.35)**	0.038 (1.22)	−0.045 (−3.48)***	−0.049 (−0.35)	−0.032 (−2.66)***
Tangibility	−0.325 (−1.68)*	−0.027 (−0.05)	−0.398 (−2.13)**	−0.372 (−0.28)	−0.334 (−1.73)*
Size	0.479 (10.56)***	0.600 (4.60)***	0.475 (10.09)***	1.047 (6.39)***	0.510 (10.77)***
Lev	0.217 (1.39)	0.775 (1.50)	0.405 (2.48)**	−2.165 (−2.15)**	0.310 (1.93)*
Block	−0.003 (−1.39)	0.004 (0.75)	−0.004 (−1.69)*	−0.008 (−0.73)	−0.003 (−1.22)
Independence	0.473 (1.37)	0.827 (0.90)	0.529 (1.49)	3.243 (1.51)	0.452 (1.31)

续 表

变量	(1) 全样本	(2) 低活跃度样本	(3) 适度活跃样本	(4) 高活跃度样本	(5) 全样本
State	−0.055	−0.049	−0.041	−0.265	−0.059
	(−0.86)	(−0.24)	(−0.64)	(−0.71)	(−0.92)
Analyst	0.005	0.007	0.005	0.000	0.005
	(6.44)***	(3.20)***	(6.84)***	(0.29)	(6.34)***
Constant	−12.613	−41.418	−12.397	−22.605	−12.665
	(−10.33)***	(−1.26)	(−10.15)***	(−5.51)***	(−7.47)***
行业	控制	控制	控制	控制	控制
年份	控制	控制	控制	控制	控制
观测值	9 747	493	9 039	215	9 747
R^2	0.272	0.294	0.262	0.678	0.274

注：***、**、*分别表示1%、5%、10%的显著性水平。

4. 假设 H_4 的检验：物权法的颁布对内部资本市场与企业创新之间关系的影响

为了检验假设 H_4，将样本分为内部资本市场低活跃度样本、适度活跃样本与高活跃度样本3组，然后进行分组回归分析，结果如表6-6所示。在内部资本市场低活跃度样本中，物权法的颁布与企业创新之间的回归系数为2.852，且在5%的水平上显著，PRL×ICM的系数不显著，说明对于内部资本市场低活跃度样本而言，物权法的颁布会促进企业创新，而且物权法的颁布对于内部资本市场与企业创新之间关系的影响不显著；在内部资本市场适度活跃样本中，物权法的颁布与企业创新之间的回归系数为3.803，且在1%的水平上显著，PRL×ICM的系数为−1.175，且在1%的水平上显著，说明对于内部资本市场适度活跃样本而言，物权法的颁布虽然促进了企业创新，却加重了内部资本市场与企业创新之间的负相关关系，且相比于内部资本市场低活跃度样本，适度活跃样本中的内部资本市场对企业创新的影响更大；在内部资本市场高活跃度样本中，物权法的颁布与企业创新之间的回归系数为−31.259，且在1%的水平上显著，同时PRL×ICM的系数为9.384，且在1%的水平上显著，说明对于内部资本市场高活跃度样本而言，物权法的颁布抑制了企业创新，但缓解了内部资本市场和企业创新之间的负相关关系。对于全样本而言，物权法的颁布与企业创新之间的回归系数为4.724，且在1%的水平上显著，PRL×ICM的系数为−1.488，且在1%的水平上显著。上述检验结果表明，物权法的颁布和企业创新之间的关系会随着内部资本市场活跃程度的不同而存在差异。从总体上看，物权法的颁布虽然促进了企业创新，但加重了内部资本市场与企业创新之间的负相关关系，假设 H_4 得以验证。

6.3.3 稳健性分析

为了进一步确证本章的主要发现，在本节中，我们从如下方面进行稳健性分析：其一，采用 PSM 法处理潜在的遗漏变量问题；其二，以 SA 指数衡量企业融资约束；其三，变换衡量企业创新水平的方法；其四，使用 Tobit 模型进行回归检验；其五，使用物权法颁布前后样本进行分组检验。

① 采用 PSM 法处理潜在的遗漏变量问题。由于物权法的颁布对企业来说是外生冲击，因此可以通过模型设定在很大程度上避免反向因果带来的内生性问题。然而，具备内部资本市场的企业和不具备内部资本市场的企业有可能在诸多方面本身就存在差异，对于这些可能的差异我们已经在模型中进行了控制，但由遗漏变量带来的内生性问题仍然有待解决。在本节中，我们采用 PSM 法进一步处理这一问题。首先，我们将内部资本市场活跃程度低于 3.2 的样本划分为样本组，将内部资本市场活跃程度高于 3.2 的样本划分为处理组。基于最优临近匹配法使用 logit 模型从剩余样本点中为处理组中的每个样本选择匹配样本，从而构成对照组。在剔除未被匹配进对照组企业的所有观测并完成匹配后，我们在留存样本中重新进行主要检验。在使用 PSM 法之前必须检查匹配方法是否满足假定前提，从表 6-7 可以看出匹配后(M)所有变量的标准化偏差均小于 10%，而且 t 检验结果不能拒绝处理组与控制组无系统性差异的原假设。对比匹配前(U)的结果，匹配后(M)大多数变量的标准化偏差大幅降低。回归结果如表 6-8 所示，可以看出，PRL 的回归系数均显著。

表 6-7 匹配前后变量标准化偏差及两组间差异情况

变量	匹配前(U)、匹配后(M)	均值		标准化偏差/%	绝对值	t 检验	
		处理组	控制组			t	$p>\|t\|$
Eqfin	U	6.625 5	6.313	3.4	16.1	0.39	0.695
	M	6.625 5	6.887	−2.8		−0.34	0.737
Roa	U	0.027 4	0.028	−1.1	−11.8	−0.12	0.901
	M	0.027 4	0.029	−2.3		−0.28	0.782
Age	U	2.184 8	2.094	12.9	66.7	1.50	0.135
	M	2.184 8	2.154	4.3		0.53	0.600

续表

变量	匹配前(U)、匹配后(M)	均值		标准化偏差/%	绝对值	t 检验	
		处理组	控制组			t	p>|t|
Mfee	U	0.031 8	0.034	−4.5	54.8	−0.54	0.587
	M	0.031 8	0.033	−2.1		−0.26	0.796
Q	U	1.153 1	1.249	−6.0	80.2	−0.69	0.489
	M	1.153 1	1.172	−1.2		−0.15	0.884
Tangibility	U	0.241 1	0.243	−1.1	−25.9	−0.12	0.901
	M	0.241 1	0.244	−1.4		−0.16	0.871
Size	U	23.709	23.33	17.7	65.9	2.06	0.040
	M	23.709	23.58	6.0		0.74	0.461
Lev	U	0.517 8	0.520	−1.1	−296.8	−0.13	0.895
	M	0.517 8	0.506	4.5		0.54	0.589
Block	U	43.735	42.38	7.8	86.7	0.91	0.366
	M	43.735	43.91	−1.0		−0.12	0.901
Independence	U	0.375 21	0.376	−1.1	−158.4	−0.13	0.896
	M	0.375 21	0.373	2.9		0.36	0.720
State	U	0.393 1	0.400	−1.6	57.0	−0.18	0.855
	M	0.393 1	0.396	−0.7		−0.08	0.935

表 6-8 物权法的颁布对企业创新及内部资本市场与企业创新之间关系影响的回归结果一

变量	(1) 全样本	(2) 低活跃度样本	(3) 高活跃度样本	(4) 全样本
PRL	0.275 (3.66)***	0.286 (3.81)***	−0.517 (−1.47)	2.933 (3.84)***
PRL×ICM				−0.886 (−3.46)***
ICM				0.712 (1.13)
Cashflow	−0.387 (−2.98)***	−0.446 (−3.16)***	0.266 (0.29)	−0.373 (−2.96)***
Eqfin	0.005 (2.12)**	0.004 (1.91)*	0.004 (0.26)	0.005 (2.28)**
Roa	0.140 (0.94)	0.215 (1.49)	8.205 (1.55)	0.236 (1.56)

续表

变量	(1) 全样本	(2) 低活跃度样本	(3) 高活跃度样本	(4) 全样本
Age	−0.345	−0.337	−0.247	−0.322
	(−9.99)***	(−9.76)***	(−1.30)	(−9.18)***
Mfee	10.224	9.812	17.284	9.983
	(7.29)***	(7.09)***	(2.07)**	(7.13)***
Q	−0.029	−0.034	0.082	−0.032
	(−2.35)**	(−2.84)***	(0.75)	(−2.64)***
Tangibility	−0.325	−0.379	−0.096	−0.333
	(−1.68)*	(−2.07)**	(−0.07)	(−1.72)*
Size	0.479	0.438	1.063	0.513
	(10.56)***	(10.00)***	(6.64)***	(10.88)***
Lev	0.217	0.300	−1.954	0.314
	(1.39)	(1.95)*	(−2.28)**	(1.96)*
Block	−0.003	−0.004	−0.010	−0.003
	(−1.39)	(−1.81)*	(−0.85)	(−1.19)
Independence	0.473	0.584	0.198	0.452
	(1.37)	(1.70)*	(0.09)	(1.31)
State	−0.055	−0.036	−0.339	−0.058
	(−0.86)	(−0.57)	(−0.92)	(−0.90)
Analyst	0.005	0.006	0.000	0.005
	(6.44)***	(7.36)***	(0.06)	(6.33)***
Constant	−12.613	−11.409	−21.746	−10.875
	(−10.33)***	(−10.07)***	(−6.10)***	(−10.28)***
行业	控制	控制	控制	控制
年份	控制	控制	控制	控制
观测值	5 744	3 109	2 635	5 744
R^2	0.470	0.586	0.411	0.470

注：***、**、*分别表示1%、5%、10%的显著性水平。

② 以SA指数衡量企业融资约束。参考Berkowitz等(2015)的做法，本节利用SA指数衡量企业融资约束并重新进行回归，其中SA=−0.737(Total Assets)+0.043(Total Assets)^2−0.004 0 Age，Total Assets为总资产的自然对数，Age为企业上市年限，从表6-9可知结论与前文一致。

表 6-9　内部资本市场影响企业创新的中介效应检验

变量	(1) 全样本	(2) 全样本	(3) 全样本	(4) 全样本
Ture	−0.035			−0.023
	(−2.34)**			(−2.56)**
SA		−0.301		−0.289
		(−3.28)***		(−2.93)***
ICM			−0.712	−0.460
			(−2.82)***	(−1.77)*
Eqfin	−0.392	−0.189	−0.377	−0.191
	(−2.96)***	(−1.67)*	(−2.94)***	(−1.66)*
Roa	0.005	0.006	0.005	0.006
	(2.19)**	(2.56)**	(2.06)**	(2.78)***
Age	0.165	0.082	0.199	0.164
	(1.13)	(0.58)	(1.32)	(1.12)
Mfee	−0.333	−0.306	−0.317	−0.291
	(−9.63)***	(−8.59)***	(−9.12)***	(−7.97)***
Q	−0.026	−0.031	−0.026	−0.034
	(−2.15)**	(−2.55)**	(−2.20)**	(−2.76)***
Tangibility	0.519	0.839	0.512	0.864
	(10.73)***	(7.82)***	(10.84)***	(7.97)***
Size	0.258	0.240	0.286	0.324
	(1.66)*	(1.55)	(1.79)*	(2.06)**
Lev	−0.431	−0.477	−0.370	−0.526
	(−2.25)**	(−2.48)**	(−1.93)*	(−2.73)***
Block	−0.004	−0.003	−0.003	−0.003
	(−1.70)*	(−1.17)	(−1.34)	(−1.21)
Independence	0.571	0.592	0.542	0.605
	(1.67)*	(1.74)*	(1.58)	(1.78)*
State	−0.091	−0.095	−0.094	−0.095
	(−1.44)	(−1.53)	(−1.50)	(−1.50)
Analyst	0.005	0.005	0.005	0.005
	(6.68)***	(6.83)***	(6.54)***	(6.80)***

续表

变量	(1) 全样本	(2) 全样本	(3) 全样本	(4) 全样本
Constant	−10.077 (−9.72)***	−18.560 (−9.29)***	−8.471 (−7.87)***	−18.960 (−8.99)***
行业	控制	控制	控制	控制
年份	控制	控制	控制	控制
观测值	9 678	9 767	9 747	9 658
R^2	0.272	0.275	0.272	0.277

注：***、**、*分别表示1%、5%、10%的显著性水平。

③ 使用研发费用衡量企业创新水平。本节使用研发费用的自然对数衡量企业创新水平，从而对模型重新进行检验。由表6-10可知，在内部资本市场低活跃度样本中，物权法的颁布与企业创新之间的回归系数为1.696，且在1%的水平上显著。在内部资本市场适度活跃样本中，物权法的颁布与企业创新之间的回归系数为0.955，且在1%的水平上显著。这说明对于内部资本市场低活跃度和适度活跃样本而言，物权法的颁布会促进企业创新。对于全样本而言，PRL×ICM 的系数为−0.558，且在1%的水平上显著。研究结论并未发生改变。

表6-10 物权法的颁布对企业创新及内部资本市场与企业创新之间关系影响的回归结果二

变量	(1) 全样本	(2) 低活跃度样本	(3) 适度活跃样本	(4) 高活跃度样本	(5) 全样本
PRL	1.040 (6.88)***	1.696 (5.99)***	0.955 (6.67)***	1.705 (0.01)	0.635 (1.02)
PRL×ICM					−0.558 (−2.78)***
ICM					1.317 (0.72)
Cashflow	0.418 (1.35)	−0.100 (−0.08)	−0.119 (−0.38)	1.439 (2.74)***	0.389 (1.26)
Eqfin	0.005 (2.28)**	−0.004 (−0.47)	0.004 (1.90)*	0.003 (0.51)	0.005 (2.16)**
Roa	0.519 (1.57)	2.680 (1.29)	0.862 (1.96)*	0.409 (0.95)	0.551 (1.67)*

续表

变量	(1) 全样本	(2) 低活跃度样本	(3) 适度活跃度样本	(4) 高活跃度样本	(5) 全样本
Age	−0.238	0.101	−0.251	−0.328	−0.253
	(−6.67)***	(1.15)	(−6.92)***	(−2.70)***	(−7.00)***
Mfee	20.185	15.699	19.762	27.157	20.337
	(16.06)***	(6.26)***	(16.05)***	(5.75)***	(16.21)***
Q	−0.031	−0.032	−0.020	−0.161	−0.030
	(−2.67)***	(−1.79)*	(−1.72)*	(−2.23)**	(−2.57)**
Tangibility	−1.255	−0.703	−1.163	−1.476	−1.258
	(−5.94)***	(−1.37)	(−4.94)***	(−3.04)***	(−5.96)***
Size	1.016	0.778	1.001	0.960	0.993
	(25.41)***	(5.00)***	(23.09)***	(9.95)***	(24.21)***
Lev	−0.544	−0.425	−0.458	−0.961	−0.620
	(−3.69)***	(−0.89)	(−3.08)***	(−2.27)**	(−4.12)***
Block	−0.001	0.002	−0.003	0.006	−0.001
	(−0.26)	(0.38)	(−1.26)	(0.99)	(−0.44)
Independence	0.569	−0.864	0.634	0.729	0.597
	(2.01)**	(−1.19)	(2.27)**	(0.69)	(2.12)**
State	−0.282	−0.174	−0.329	−0.169	−0.284
	(−4.07)***	(−1.17)	(−4.46)***	(−1.17)	(−4.11)***
Analyst	0.002	0.002	0.002	0.003	0.002
	(3.47)***	(1.07)	(2.33)**	(2.99)***	(3.49)***
Constant	−12.680	−8.929	−11.527	−12.464	−12.109
	(−13.53)***	(−2.65)***	(−12.06)***	(−5.45)***	(−12.55)***
行业	控制	控制	控制	控制	控制
年份	控制	控制	控制	控制	控制
观测值	5 744	109	4 777	858	5 737
R^2	0.470	0.586	0.424	0.411	0.470

注：***、**、*分别表示1%、5%、10%的显著性水平。

④ 使用Tobit模型进行回归检验。由于企业专利申请数量不可能为负数，本章使用Tobit模型重新进行回归。由表6-11可知，在内部资本市场低活跃度样本中，物权法的颁布与企业创新之间的回归系数为1.663，且在1%的水平上显著。在内部资本市场适度活跃样本中，物权法的颁布与企业创新之间的回归系数为

0.944,且在1%的水平上显著。这说明对于内部资本市场低活跃度和适度活跃样本而言，物权法的颁布会促进企业创新。对于全样本而言，PRL×ICM 的系数为 −6.212，且在1%的水平上显著。研究结论保持不变。

表 6-11 物权法的颁布对企业创新及内部资本市场与企业创新之间关系影响的回归结果三

变量	(1) 全样本	(2) 低活跃度样本	(3) 适度活跃样本	(4) 高活跃度样本	(5) 全样本
PRL	1.090	1.663	0.944	0.097	19.637
	(3.46)***	(2.47)***	(2.91)***	(0.04)	(2.91)***
PRL×ICM					−6.212
					(−2.74)***
ICM					1.752
					(0.78)
Cashflow	−6.197	−17.612	−6.082	−2.086	−4.541
	(−5.88)***	(−3.25)***	(−5.66)***	(−0.46)	(−4.40)***
Eqfin	0.022	−0.102	0.027	0.002	0.016
	(2.31)**	(−2.33)**	(2.78)***	(0.04)	(1.73)*
Roa	4.347	4.482	3.929	31.345	3.237
	(2.75)***	(0.77)	(2.46)**	(1.82)*	(2.28)**
Age	−1.751	−2.172	−1.777	−1.463	−1.561
	(−10.28)***	(−3.59)***	(−10.00)***	(−1.73)*	(−9.68)***
Mfee	45.712	40.142	45.801	100.253	29.273
	(7.55)***	(2.97)***	(7.46)***	(2.46)**	(5.75)***
Q	−0.029	0.038	−0.043	0.082	−0.172
	(−2.35)**	(1.20)	(−3.31)***	(0.75)	(−3.56)***
Tangibility	−0.325	−0.118	−0.377	−0.096	−0.122
	(−1.68)*	(−0.21)	(−2.02)**	(−0.07)	(−0.18)
Size	0.479	0.598	0.438	1.063	1.081
	(10.56)***	(4.52)***	(9.80)***	(6.64)***	(7.16)***
Lev	0.217	0.770	0.309	−1.954	0.974
	(1.39)	(1.48)	(1.95)*	(−2.28)**	(1.74)*
Block	−0.003	0.004	−0.004	−0.010	−0.015
	(−1.39)	(0.75)	(−1.93)*	(−0.85)	(−1.99)**
Independence	0.473	0.823	0.547	0.198	1.091
	(1.37)	(0.89)	(1.53)	(0.09)	(0.83)

续表

变量	(1) 全样本	(2) 低活跃度样本	(3) 适度活跃样本	(4) 高活跃度样本	(5) 全样本
State	−0.055 (−0.86)	−0.027 (−0.13)	−0.038 (−0.59)	−0.339 (−0.92)	−0.149 (−0.67)
Analyst	0.005 (6.44)***	0.007 (3.12)***	0.005 (6.89)***	0.000 (0.06)	0.013 (4.86)***
Constant	−12.613 (−10.33)***	−43.641 (−1.34)	−11.372 (−9.86)***	−21.746 (−6.10)***	−31.110 (−4.46)***
行业	控制	控制	控制	控制	控制
年份	控制	控制	控制	控制	控制
观测值	9 768	494	9 039	235	9 768
R^2	0.272	0.290	0.261	0.639	0.274

注：***、**、*分别表示1%、5%、10%的显著性水平。

⑤ 使用物权法颁布前后样本进行分组检验。本节使用物权法颁布前后两组样本进行分组检验，由表6-12可知，在物权法颁布前样本中，ICM的系数不显著，在物权法颁布后样本中，ICM的系数为−0.825，在1%的水平上显著。研究结论保持不变。

表6-12 物权法颁布前后样本分组检验

变量	(1) 物权法颁布前	(2) 物权法颁布后
ICM	−0.126 (−0.22)	−0.825 (−3.19)***
Cashflow	−0.466 (−0.57)	−0.372 (−2.95)***
Eqfin	−0.000 (−0.06)	0.006 (2.38)**
Roa	−2.080 (−1.53)	0.270 (1.76)*
Age	−0.293 (−3.19)***	−0.329 (−9.12)***
Mfee	6.060 (2.75)***	10.334 (7.00)***

续表

变量	(1) 物权法颁布前	(2) 物权法颁布后
Q	0.026 (0.27)	−0.034 (−2.79)***
Tangibility	−1.455 (−3.48)***	−0.268 (−1.37)
Size	0.679 (6.53)***	0.499 (10.53)***
Lev	−0.295 (−0.68)	0.342 (2.11)**
Block	−0.003 (−0.55)	−0.003 (−1.14)
Independence	0.221 (0.19)	0.482 (1.36)
State	−0.220 (−1.36)	−0.046 (−0.71)
Analyst	0.019 (2.14)**	0.005 (6.40)***
Constant	−12.571 (−5.67)***	−7.940 (−7.17)***
行业	控制	控制
年份	控制	控制
观测值	1 627	8 120
R^2	0.272	0.274

注：***、**、*分别表示1%、5%、10%的显著性水平。

本章小结

本章利用我国A股主板上市公司2001—2016年的经验数据，检验了内部资本市场对企业创新的影响。研究发现，全样本下内部资本市场与企业创新之间存在负相关关系，即从全样本的平均水平来看，内部资本市场会抑制企业创新。随后本章通过观察内部资本市场活跃程度的核密度函数，依据内部资本市场活跃程度的分布特征将样本划分为内部资本市场低活跃度样本、内部资本市场适度活跃样本和内部资本市场高活跃度样本3组，进一步检验发现，在这3组样本中内部资本市场活跃程度对企业创新的影响存在差异。其中,在内部资本市场低活跃度和适度活跃样本中,内部资本市场活跃程度与企业创新之间存在负相关关系,且相比于内部资本市场适度活跃样本,低活跃度样本中的内部资本市场对企业创新的影响更大;在内部资本市场高活跃度样本中,内部资本市场活跃程度与企业创新之间存在正相关关系。以上分组检验结果说明,不同内部资本市场活跃程度对企业创新的影响存在差异。进一步检验发现,全样本下内部资本市场活跃程度对企业创新的影响存在区间效应,即两者之间呈 U 形关系。另外,本章通过分组检验研究 2007 年物权法的颁布对企业创新的影响发现物权法的颁布有助于企业创新。同时,本章在物权法颁布的背景下研究内部资本市场活跃程度与企业创新之间的关系,发现在内部资本市场低活跃度样本中,物权法的颁布对于内部资本市场与企业创新之间关系的影响不显著;在内部资本市场适度活跃样本中,物权法的颁布加重了内部资本市场与企业创新之间的负相关关系;在内部资本市场高活跃度样本中,物权法的颁布缓解了内部资本市场和企业创新之间的负相关关系。总体而言,物权法的颁布在促进企业创新的同时加重了内部资本市场与企业创新之间的负相关关系。以上研究说明,物权法的颁布对企业创新的影响随着内部资本市场活跃程度的不同而存在显著差异。这为企业集团发挥内部资本市场的积极作用,进一步推进法治建设、加强证券市场监管和实施创新驱动发展战略提供了理论参考。

基于本章的研究结论,得到以下管理启示。首先,企业为了满足研发创新资金需求构建了内部资本市场,但这在缺乏有效监督管理制度的情况下为双重代理问题的恶化提供了温床,进一步抑制了企业创新。在此基础上,上市公司应该在完善信息披露制度的同时,构建控股股东监控体系。其次,鉴于内部资本市场活跃程度对企业创新的影响存在区间效应,债权人在进行投资决策前可能会着重关注企业关联交易行为,因此企业必须加强内部资本市场约束制度监管,避免因关联交易和过度投资抑制企业创新。再次,基于物权法的颁布在缓解融资约束和促进企业创新中所发挥的显著作用,有关部门应该在制定和实施相关政策时完善多层次资本市场建设、优化金融资源与服务结构、疏通"新经济"与中小微企业的投融资渠道、打破银行信贷融资垄断和政府融资平台垄断。这不仅有利于解决我国企业面临的财务问题以及从根本上改善企业研发环境,而且对企业集团发挥内部资本市场的积极作用具有重大意义,为我国进一步推进法治建设、加强证券市场监管和实施创新驱动发展战略提供了理论参考。

第7章 结论与启示

7.1 本书的结论

① 本书以我国 A 股上市公司 2001—2016 年的数据为样本研究发现,内部资本市场活跃程度与大股东掏空行为之间存在正相关关系;相比于内部资本市场适度活跃样本,内部资本市场低活跃度样本中内部资本市场活跃程度对大股东掏空行为的影响更大。相比于内部资本市场低活跃度和适度活跃样本,内部资本市场高活跃样本中内部资本市场活跃程度对大股东掏空行为的影响更大。本书进一步检验发现,全样本下内部资本市场活跃程度对大股东掏空行为的影响存在区间效应。另外,本书采用双重差分模型研究了 2007 年物权法的颁布对大股东掏空行为的影响,发现在物权法颁布后,大股东掏空行为得到显著的改善;同时,在物权法颁布的背景下研究了内部资本市场活跃程度与大股东掏空行为之间的关系,发现物权法的颁布能够抑制内部资本市场的掠夺行为,使大股东掏空行为得到改善。和以上分析类似,本书发现物权法的颁布对于地区法律执行力度更弱的企业、信息不对称程度更高的企业具有更为显著的影响。这些结果说明,物权法的颁布具有反掠夺效应,这为我国进一步完善物权法、推进法治建设以及加强证券市场监管提供了理论参考。

② 本书以我国 A 股上市公司 2001—2016 年的数据为样本研究发现,在内部资本市场低活跃度样本中,内部资本市场活跃程度与企业融资约束之间存在负相关关系;在内部资本市场高活跃度样本中,内部资本市场活跃程度与企业融资约束之间存在正相关关系。本书进一步检验发现,全样本下内部资本市场活跃程度对

企业融资约束的影响存在区间效应,即两者之间呈 U 形关系。另外,本书通过分组检验研究了 2007 年物权法的颁布对企业融资约束的影响,发现物权法颁布后,企业现金流敏感性降低:企业对于融资所需要的内部现金流的依赖性减弱。同时,本书在物权法颁布的背景下研究了内部资本市场活跃程度与企业融资约束之间的关系,发现内部资本市场活跃程度与企业融资约束之间的相关关系不再显著。此外,本书还发现物权法的颁布对于地区法律执行力度更大、内部治理水平更高的企业融资约束的改善更为显著。这些结果说明物权法颁布后,外部融资挤出内部资本市场已成为更有效的资本配置机制,这对企业集团发挥内部资本市场的积极作用以及我国进一步完善物权法、推进法治建设均有重要意义。

③ 本书以我国 A 股上市公司 2001—2016 年的数据为样本研究发现,在内部资本市场低活跃度和适度活跃样本中,内部资本市场活跃程度与企业创新之间存在负相关关系,且相比于适度活跃样本,低活跃度样本中内部资本市场活跃程度对企业创新的影响更大;在内部资本市场高活跃度样本中,内部资本市场活跃程度与企业创新之间存在正相关关系。本书进一步检验发现,全样本下内部资本市场活跃程度对企业创新的影响存在区间效应,即两者之间呈 U 形关系。另外,本书通过分组检验研究了 2007 年物权法的颁布对企业创新的影响,发现物权法的颁布有助于企业创新;同时,在物权法颁布的背景下研究了内部资本市场活跃程度与企业创新之间的关系,发现物权法的颁布在促进企业创新的同时加重了内部资本市场与企业创新之间的负相关关系,物权法的颁布与企业创新的正相关关系仅存在于内部资本市场低活跃度样本和适度活跃样本中。这些结果说明,物权法的颁布对企业创新的影响随着内部资本市场活跃程度的不同而存在显著差异。这为企业集团发挥内部资本市场的积极作用以及我国进一步推进法治建设、加强证券市场监管和实施创新驱动发展战略提供了理论参考。

7.2 政策建议

法与金融研究的真正生命力在于其与社会现实问题密切相关,而不是从概念到概念的抽象推演。与其他新兴市场经济国家一样,在法律法规不健全、市场实践相对滞后、内部治理结构不合理的情况下,我国上市公司对于债权人的受托责任在法律上尚未明确界定,物权保护需要持之以恒。对我国而言,即使只在法律中明确规定债权人的权利和义务,也能减少大股东的侵吞行为。那么什么才是合适的法律规则呢?什么样的资本维持制度能够有效地保护债权人?

本书给出如下政策建议。

① 法规着力点：首先，基于物权法的颁布在缓解融资约束中所发挥的显著效用，有关部门应该在制定和实施相关政策时，遵循以债权人利益保护为核心，赋予被侵权债权人在财产分配中的相对优先权，加强责任保险制度建设，遵循实质公平的要求。这不仅有利于解决我国企业面临的财务问题以及从根本上改善融资环境，而且对企业集团发挥内部资本市场的积极作用具有重大意义。其次，基于物权法的颁布在影响大股东掏空行为以及内部资本市场活跃程度与大股东掏空行为之间的关系中所发挥的反掠夺效应，我国应该加快完善物权法和推进法治建设，特别是应该对物权保护相关法律法规进行补充。这不仅有利于改善我国企业面临的内部治理问题，而且可以为进一步完善物权法和推进法治建设提供理论依据。再次，基于物权法的颁布在缓解融资约束和促进企业创新中所发挥的显著作用，有关部门应该在制定和实施相关政策时完善多层次资本市场建设、优化金融资源与服务结构、疏通"新经济"与中小微企业的投融资渠道、打破银行信贷融资垄断和政府融资平台垄断。这不仅有利于改善我国企业面临的财务困境，从根本上改善企业研发环境，而且对企业集团发挥内部资本市场的积极作用具有重大意义，为我国进一步推进法治建设、加强证券市场监管和实施创新驱动发展战略提供了理论参考。

② 企业着力点：首先，企业构建内部资本市场的目的是缓解融资约束，但在缺乏有效监督管理的情况下这也为双重代理问题的恶化提供了温床。在此基础上，上市公司应该在完善信息披露制度的同时，构建控股股东监控体系，规范控股股东行为。其次，内部资本市场活跃程度对大股东掏空行为的影响存在区间效应，债权人在进行投资决策前可能会着重关注企业关联交易行为，因此在内部资本资本市场活跃度相对高的情况下，企业必须加强内部资本市场约束制度监管，避免因关联交易和过度投资恶化大股东掏空行为。

7.3 局限性及今后的研究方向

本书对法与金融议题下物权法与内部资本市场效率之间的关系进行了比较完整的论证，从不同角度证明，完善的法律制度能够有效改善企业融资，促进企业创新。但是本书在研究过程中也存在一些缺憾。

第一，本书采用企业集团内部相互资金往来程度以及企业是否具有财务公司的虚拟变量作为内部资本市场活跃程度的衡量指标。虽然两种度量方式各有所长，但未来研究还可以根据内部资本市场的交易规模、资金类型等多个维度来构建衡量内部资本市场活跃程度的指标体系。

第二,本书将研究重点放在了物权法如何影响内部资本市场和大股东掏空行为的作用结果上,而对物权法如何作用于债权人监督和激励进而抑制大股东掏空行为的路径并没有做很多的刻画。未来研究可以尝试从负债治理的角度深入挖掘潜在的影响机制和经济后果。

第三,本书着重研究内部资本市场对企业融资约束的影响,而对我国金融市场而言,政治关联对于获得外部融资非常重要,未来研究可以尝试从政治关联的角度开展研究,通过深入分析现象,挖掘内在的机理和规律。

第四,本书从财务的角度着重研究内部资本市场对企业创新的影响,而对企业研发创新而言,管理者和研发人员的动机也同样重要。未来研究可以尝试从人力资本的角度开展研究,通过深入分析现象,挖掘内在的机理和规律。

以上这些都是很有现实意义的研究方向。

参考文献

蔡卫星,胡志颖. 2016. 企业集团、产权性质与现金持有水平[J]. 管理评论,28(7):236-251.

陈超,李镕伊. 2014. 债券融资成本与债券契约条款设计[J]. 金融研究,(1):44-57.

陈德球,魏刚,肖泽忠. 2013. 法律制度效率、金融深化与家族控制权偏好[J]. 经济研究,48(10):55-68.

陈冬,陈平,唐建新. 2009. 实际控制人类型、法律保护与会计师事务所变更——基于国企民营化的经验研究[J]. 会计研究(11):61-67.

陈思,何文龙,张然. 2017. 风险投资与企业创新:影响和潜在机制[J]. 管理世界(1):158-169.

陈信元,李莫愁,芮萌,等. 2010. 司法独立性与投资者保护法律实施——最高人民法院"1/15通知"的市场反应[J]. 经济学(季刊),9(1):1-28.

邓建平,曾勇. 2011. 金融关联能否缓解民营企业的融资约束[J]. 金融研究(8):78-92.

冯丽霞,肖一婷. 2008. 内部资本市场超额价值创造研究——基于资源基础理论的思考[J]. 会计研究(4):41-46.

冯丽霞. 2006. 内部资本市场:组织载体、交易与租金[J]. 会计研究(8):37-43.

龚志文,陈金龙. 2017. 基于演化博弈的企业集团内部资本转移激励机制研究[J]. 中国管理科学(4):26-32.

顾夏铭,陈勇民,潘士远. 2018. 经济政策不确定性与创新——基于我国上市公司的实证分析[J]. 经济研究(2):109-123.

顾弦. 2015. 投资者保护如何影响企业融资结构与投资水平[J]. 世界经济(11):168-192.

韩亮亮,李凯,徐业坤. 2008. 金字塔结构、融资替代与资本结构——来自中国民营上市公司的经验证据[J]. 南开管理评论,11(6):74-78.

何骏,张祥建. 2008. 公司治理前沿研究综述——大股东控制、隧道行为、隐性收益与投资者保护[J]. 经济管理(3):165-171.

黄俊,陈信元. 2011. 集团化经营与企业研发投资——基于知识溢出与内部资本市场视角的分析[J]. 经济研究(6):80-92.

黄蓉,易阳,宋顺林. 2013. 税率差异、关联交易与企业价值[J]. 会计研究(8):47-53.

谢军,黄志忠. 2014. 区域金融发展、内部资本市场与企业融资约束[J]. 会计研究(7):7.

计方,刘星. 2014. 集团控制、融资优势与投资效率[J]. 管理工程学报,28(1):26-38.

江伟,姚文韬. 2016.《物权法》的实施与供应链金融——来自应收账款质押融资的经验证据[J]. 经济研究(1):141-154.

江轩宇. 2016. 政府放权与国有企业创新——基于地方国企金字塔结构视角的研究[J]. 管理世界(9):120-135.

姜军,申丹琳,江轩宇,等. 2017. 债权人保护与企业创新[J]. 金融研究(11):128-142.

解维敏,方红星. 2011. 金融发展、融资约束与企业研发投入[J]. 金融研究(5):171-183.

鞠晓生,卢荻,虞义华. 2013. 融资约束、营运资本管理与企业创新可持续性[J]. 经济研究(1):4-16.

孔东民,徐茗丽,孔高文. 2017. 企业内部薪酬差距与创新[J]. 经济研究(10):144-157.

黎来芳,王化成,张伟华. 2008. 控制权、资金占用与掏空——来自中国上市公司的经验证据[J]. 中国软科学(8):121-127.

李海霞,王振山. 2015. CEO 权力与公司风险承担——基于投资者保护的调节效应研究[J]. 经济管理(8):76-87.

李青原,王永海. 2007. 独立审计师、公司治理与投资者保护[J]. 审计研究(2):87-91.

李焰,王琳. 2013. 媒体监督、声誉共同体与投资者保护[J]. 管理世界(11):130-143.

李增泉,辛显刚,于旭辉. 2008. 金融发展、债务融资约束与金字塔结构——来自民营企业集团的证据[J]. 管理世界(1):123-135.

李增泉,孙铮,王志伟. 2004. "掏空"与所有权安排——来自我国上市公司大股东资金占用的经验证据[J]. 会计研究(12):13-97.

林勇,连洪泉,谢军. 2009. 外部治理环境与公司内部治理结构效应比较[J]. 中国工业经济(1):130-139.

刘启亮,李增泉,姚易伟. 2008. 投资者保护、控制权私利与金字塔结构——以格林柯尔为例[J]. 管理世界(12):139-148.

刘星,代彬,郝颖. 2010. 掏空、支持与资本投资——来自集团内部资本市场的经验证据[J]. 中国会计评论,8(2):201-222.

卢峰,姚洋. 2004. 金融压抑下的法治、金融发展和经济增长[J]. 中国社会科学(1):42-55.

卢馨,郑阳飞,李建明. 2013. 融资约束对企业 R&D 投资的影响研究——来自中国高新技术上市公司的经验证据[J]. 会计研究(5):51-58.

鲁桐,党印. 2015. 投资者保护、行政环境与技术创新:跨国经验证据[J]. 世界经济(10):99-124.

罗琦,秦国楼. 2009. 投资者保护与公司现金持有[J]. 金融研究(10):162-178.

马永强,胡国柳. 2009. 投资者保护效率测度研究述评[J]. 经济学动态(2):131-135.

纳鹏杰,雨田木子,纳超洪. 2017. 企业集团风险传染效应研究——来自集团控股上市公司的经验证据[J]. 会计研究(3):53-60.

倪骁然,朱玉杰. 2016. 劳动保护、劳动密集度与企业创新——来自2008年《劳动合同法》实施的证据[J]. 管理世界(7):154-167.

潘俊,王亮亮,沈晓峰. 2015. 金融生态环境与地方政府债务融资成本——基于省级城投债数据的实证检验[J]. 会计研究(6):34-41.

钱雪松,方胜. 2017. 担保物权制度改革影响了民营企业负债融资吗?——来自中国《物权法》自然实验的经验证据[J]. 经济研究(5):146-160.

钱雪松. 2013. 企业内部资本配置效率问题研究——基于融资歧视和内部人控制的一般均衡视角[J]. 会计研究(10):43-50.

邵军,刘志远. 2007."系族企业"内部资本市场有效率吗?——基于鸿仪系的案例研究[J]. 管理世界(6):114-121.

邵毅平,虞凤凤. 2012. 内部资本市场、关联交易与公司价值研究——基于我国上市公司的实证分析[J]. 中国工业经济(4):102-114.

沈艺峰,肖珉,林涛. 2009. 投资者保护与上市公司资本结构[J]. 经济研究(7):131-142.

沈艺峰,肖珉,黄娟娟. 2005. 中小投资者法律保护与公司权益资本成本[J]. 经济研究(6):115-124.

唐建新,陈冬. 2010. 地区投资者保护、企业性质与异地并购的协同效应[J]. 管理世界(8):102-116.

唐清泉,巫岑. 2015. 银行业结构与企业创新活动的融资约束[J]. 金融研究(7):116-134.

万良勇,魏明海. 2009. 金融生态、利益输送与信贷资源配置效率——基于河北担保圈的案例研究[J]. 管理世界(5):6-16.

万良勇. 2013. 法治环境与企业投资效率——基于中国上市公司的实证研究[J]. 金融研究(12):154-166.

万良勇. 2006. 中国企业内部资本市场的功能、陷阱及其法律规制[J]. 经济与管理(11):5-9.

汪毅慧,廖理,邓小铁. 2003. 不对称信息、交易成本与投资者保护:内地(中国大陆)和香港的比较研究[J].金融研究(10):27-36.

王超恩,张瑞君,徐鑫.2016.集团财务公司效率与企业创新[J].管理科学,29(1):95-107.

王峰娟,王储,张中琳.2016.商业银行跨区域资本配置与内部资本市场效率——基于2007-2013年A股上市银行分部数据的研究[J].会计研究(3):36-42.

王峰娟,粟立钟.2013.中国上市公司内部资本市场有效吗?——来自H股多分部上市公司的证据[J].会计研究(1):70-75.

王化成,曹丰,高升好,等.2014.投资者保护与股价崩盘风险[J].财贸经济,35(10):73-82.

王克敏,陈井勇.2004.股权结构、投资者保护与公司绩效[J].管理世界(7):127-133.

王鹏.2008.投资者保护、代理成本与公司绩效[J].经济研究(2):68-82.

王彦超,姜国华,辛清泉.2016.诉讼风险、法制环境与债务成本[J].会计研究(6):30-37.

王彦超,姜国华.2016.资金占用、民事诉讼与债权人保护[J].管理评论,28(1):191-204.

危平,杨明艳.2017.基于组织复杂性视角的金融集团内部资本市场效率研究[J].中国管理科学,25(6):11-21.

魏锋,沈坤荣.2009.所有制、债权人保护与企业信用贷款[J].金融研究(9):26-39.

魏建.2003.投资者保护视角下的管理层收购新理论[J].中国工业经济(5):63-70.

吴成颂.2011.企业集团内部资本市场异化对公司治理的影响[J].经济管理(5):159-164.

吴秋生,黄贤环.2017.财务公司的职能配置与集团成员上市公司融资约束缓解[J].中国工业经济(9):156-173.

吴永明,袁春生.2007.法律治理、投资者保护与财务舞弊:一项基于上市公司的经验证据[J].中国工业经济(3):104-111.

肖珉,沈艺峰. 2008.跨地上市公司具有较低的权益资本成本吗?——基于"法与金融"的视角[J].金融研究(10):93-103.

许金花,李善民,张东,等. 2018.反收购条款与投资者保护:理论模型与实证检验[J].管理评论,30(7):191-206.

许琳. 2006.投资者法律保护与公司上市后长期业绩表现——基于法和金融理论的实证分析[J].南开管理评论,9(2):96-101.

杨棉之. 2006.内部资本市场公司绩效与控制权私有收益——以华通天香集团为例分析[J].会计研究(12):61-67.

于文超,何勤英. 2013.投资者保护、政治联系与资本配置效率[J].金融研究(5):152-166.

余明桂,潘红波. 2008.政府干预、法治、金融发展与国有企业银行贷款[J].金融研究(9):1-22.

袁知柱,宝乌云塔娜,王书光. 2014.股权价值高估、投资者保护与企业应计及真实盈余管理行为选择[J].南开管理评论,17(5):136-150.

张会丽,吴有红. 2011.企业集团财务资源配置、集中程度与经营绩效——基于现金在上市公司及其整体子公司间分布的研究[J].管理世界(2):100-108.

张健华,王鹏. 2012.银行风险、贷款规模与法律保护水平[J].经济研究,47(5):18-30.

张杰,芦哲,郑文平,等. 2012.融资约束、融资渠道与企业R&D投入[J].世界经济(10):66-90.

张璇,刘贝贝,汪婷,等. 2017.信贷寻租、融资约束与企业创新[J].经济研究,52(5):161-174.

郑国坚,林东杰,谭伟强. 2016.系族控制、集团内部结构与上市公司绩效[J].会计研究(2):36-43.

郑国坚,林东杰,张飞达. 2013.大股东财务困境、掏空与公司治理的有效性——来自大股东财务数据的证据[J].管理世界(5):157-168.

郑志刚,许荣,徐向江,等. 2010.公司章程条款的设立、法律对投资者权力保护和公司治理--基于我国A股上市公司的证据[C].中国青年经济学者论坛.

周业安，韩梅. 2003. 上市公司内部资本市场研究——以华联超市借壳上市为例分析[J]. 管理世界(11):118-125.

左和平，龚志文. 2011. 内部资本市场:治理结构、机制与有效性[J]. 会计研究(3):62-67.

Acemoglu D, Robinson J A. 2001. A theory of political transitions[J]. American Economic Review, 91(4): 938-963.

Acharya V V, Subramanian K V. 2009. Bankruptcy codes and innovation[J]. The Review of Financial Studies, 22(12):4949-4988.

Agrawal A K. 2013. The impact of investor protection law on corporate policy and performance: evidence from the blue sky laws[J]. Journal of Financial Economics, 107(2), 417-435.

Akhigbe A, Whyte A M. 2015. SEO announcement returns and internal capital market efficiency[J]. Journal of Corporate Finance, 31: 271-283.

Alchian A A. 1969. Information costs, pricing, and resource unemployment[J]. Economic Inquiry, 7(2): 109.

Almeida H, Campello M, Weisbach M S. 2004. The cash flow sensitivity of cash[J]. The Journal Of Finance, 59(4):1777-1804.

Alzahrani M, Lasfer M. 2012. Investor protection, taxation, and dividends[J]. Journal of Corporate Finance, 18(4):745-762.

Ashenfelter O C, Card D. 1985. Using the longitudinal structure of earnings to estimate the effect of training programs.

Atanassov J, Julio B, Leng T. The bright side of political uncertainty: the case of R&D[J]. The Review of Financial Studies, 2024: hhaeo23.

Balsmeier B, Fleming L, Manso G. 2017. Independent boards and innovation[J]. Journal of Financial Economics, 123(3):536-557.

Barclay M J, Holderness C G. 1989. Private benefits from control of public corporations[J]. Journal of financial Economics, 25(2): 371-395.

Barton J, Waymire G. 2004. Investor protection under unregulated financial reporting

[J]. Journal of Accounting And Economics, 38:65-116.

Beck T, Levine R. 2005. Legal institutions and financial development. In Handbook of new institutional economics[M]. Boston, MA: Springer US.

Beck T, Demirgüç-Kunt A, Maksimovic V. 2005. Financial and legal constraints to growth: does firm size matter? [J]. The Journal Of Finance, 60(1): 137-177.

Beck T, Demirgüç-Kunt A, Maksimovic V. 2004. Bank competition and access to finance: international evidence[J]. Journal of Money, Credit and Banking, 627-648.

Berger P G, Ofek E. 1995. Diversification's effect on firm value[J]. Journal of Financial Economics, 37(1): 39-65.

Bergman N K, Nicolaievsky D. 2007. Investor protection and the Coasian view[J]. Journal of Financial Economics, 84(3):738-771.

Berkowitz D, Lin C, Ma Y. 2015. Do property rights matter? Evidence from a property law enactment[J]. Journal of Financial Economics, 116(3):583-593.

Bernardo A E, Luo J, Wang J J. 2006. A theory of socialistic internal capital markets [J]. Journal of Financial Economics, 80(3): 485-509.

Bertrand M, Mullainathan S. 2003. Enjoying the quiet life? corporate governance and managerial preferences[J]. Journal of Political Economy, 111(5):1043-1075.

Billett M T, Mauer D C. 2000. Diversification and the value of internal capital markets: the case of tracking stock[J]. Journal of Banking & Finance, 24(9):1457-1490.

Billett M T, Mauer D C. 2003. Cross-subsidies, external financing constraints, and the contribution of the internal capital market to firm value[J]. The Review of Financial Studies, 16(4): 1167-1201.

Boubakri N, Ghouma H. 2010. Control/ownership structure, creditor rights protection, and the cost of debt financing: international evidence[J]. Journal of Banking & Finance, 34(10):2481-2499.

Breuer W, Müller T, Rosenbach D, et al. 2018. Corporate social responsibility, investor protection, and cost of equity: a cross-country comparison[J]. Journal of

Banking & Finance, 96:34-55.

Brockman P, Unlu E. 2009. Dividend policy, creditor rights, and the agency costs of debt[J]. Journal of Financial Economics, 92(2): 276-299.

Buchuk D, Larrain B, Muñoz F, et al. 2014. The internal capital markets of business groups: evidence from intra-group loans[J]. Journal of Financial Economics, 112 (2): 190-212.

Campello M. 2002. Internal capital markets in financial conglomerates: evidence from small bank responses to monetary policy[J]. The Journal of Finance, 57(6): 2773-2805.

Chang X, Fu K, Low A, et al. 2015. Non-executive employee stock options and corporate innovation[J]. Journal of Financial Economics, 115(1):168-188.

Chang X, Chen Y, Wang S Q, et al. 2019. Credit default swaps and corporate innovation[J]. Journal of Financial Economics, 134(2):474-500.

Chemmanur T J, Loutskina E, Tian X. 2014. Corporate venture capital, value creation, and innovation[J]. The Review of Financial Studies, 27(8):2434-2473.

Chen K C, Chen Z, Wei K J. 2009. Legal protection of investors, corporate governance, and the cost of equity capital[J]. Journal of Corporate Finance, 15(3): 273-289.

Cheng S R, Shiu C Y. 2007. Investor protection and capital structure: International evidence[J]. Journal of Multinational Financial Management, 17(1): 30-44.

Cheung Y L, Jing L, Lu T, Rau P R, et al. 2009. Tunneling and propping up: an analysis of related party transactions by Chinese listed companies[J]. Pacific-Basin Finance Journal, 17(3): 372-393.

Cheung Y L, Rau P R, Stouraitis A. 2006. Tunneling, propping, and expropriation: evidence from connected party transactions in Hong Kong[J]. Journal of Financial Economics, 82(2): 343-386.

Cho S S, El Ghoul S, Guedhami O, et al. 2014. Creditor rights and capital structure: evidence from international data[J]. Journal of Corporate Finance, 25:40-60.

Claessens S, Djankov S, Lang L H. 2000. The separation of ownership and control in East Asian corporations[J]. Journal of Financial Economics, 58(1-2):81-112.

Cline B N, Garner J L, Yore A S. 2014. Exploitation of the internal capital market and the avoidance of outside monitoring[J]. Journal of Corporate Finance, 25:234-250.

Datta S, D'Mello R, Iskandar-Datta M. 2009. Executive compensation and internal capital market efficiency[J]. Journal of Financial Intermediation, 18(2):242-258.

Defond M, Hung M, Trezevant R. 2007. Investor protection and the information content of annual earnings announcements: international evidence[J]. Journal of Accounting and Economics, 43(1): 37-67.

Demirgüç-Kunt A, Maksimovic V. 1999. Institutions, financial markets, and firm debt maturity[J]. Journal of Financial Economics, 54(3):295-336.

Desai M A, Foley C F, Hines J R. 2004. The costs of shared ownership: evidence from international joint ventures [J]. Journal of Financial Economics, 73 (2): 323-374.

Djankov S, McLiesh C, Shleifer A. 2007. Private credit in 129 countries[J]. Journal of financial Economics, 84(2):299-329.

Dow S, McGuire J. 2009. Propping and tunneling: empirical evidence from Japanese keiretsu[J]. Journal of Banking & Finance, 33(10):1817-1828.

Enikolopov R, Petrova M, Stepanov S. 2014. Firm value in crisis: effects of firm-level transparency and country-level institutions[J]. Journal of Banking & Finance, 46: 72-84.

Fier S G, McCullough K A, Carson J M. 2013. Internal capital markets and the partial adjustment of leverage[J]. Journal of Banking & Finance, 37(3),:1029-1039.

Friedman E, Johnson S, Mitton T. 2003. Propping and tunneling[J]. Journal of Comparative Economics, 31(4):732-750.

Gertner R, Powers E, Scharfstein D. 2002. Learning about internal capital markets from corporate spin-offs[J]. The Journal of Finance, 57(6):2479-2506.

Gertner R H, Scharfstein D S, Stein J C. 1994. Internal versus external capital markets[J]. The Quarterly Journal of Economics, 109(4), 1211-1230.

Gonenc H, Hermes N. 2008. Propping: evidence from new share issues of Turkish business group firms[J]. Journal of Multinational Financial Management, 18(3): 261-275.

Grossman S J, Hart O D. 1986. The costs and benefits of ownership: a theory of vertical and lateral integration[J]. Journal of Political Economy, 94(4):691-719.

Gugler K, Peev E, Segalla E. 2013. The internal workings of internal capital markets: cross-country evidence[J]. Journal of Corporate Finance, 20: 59-73.

Hagendorff J, Collins M, Keasey K. 2008. Investor protection and the value effects of bank merger announcements in Europe and the US[J]. Journal of Banking & Finance, 32(7): 1333-1348.

Hall B H. 2002. The financing of research and development[J]. Oxford Review of Economic Policy, 18(1): 35-51.

Hart O, Moore J. 1990. Property Rights and the nature of the firm[J]. Journal of Political Economy, 98(6):1119-1158.

Henderson J, Ntouyas S K. 2008. Positive solutions for systems of nonlinear boundary value problems[J]. Nonlinear Studies, 15(1).

Houston J F, Lin C, Lin P, et al. 2010. Creditor rights, information sharing, and bank risk taking[J]. Journal of financial Economics, 96(3): 485-512.

Houston J, James C, Marcus D. 1997. Capital market frictions and the role of internal capital markets in banking[J]. Journal of financial Economics, 46(2):135-164.

Hughes J P. 2009. Corporate value, ultimate control and law protection for investors in Western Europe[J]. Management Accounting Research, 20(1): 41-52.

Wooldridge J. 2007. What's new in econometrics? lecture 10 difference-in-differences estimation[J]. NBER Summer Institute, 9(2011):85.

Islam S S, Mozumdar A. 2007. Financial market development and the importance of internal cash: evidence from international data[J]. Journal of Banking & Finance, 31(3):641-658.

Jensen M C. 1986. Agency costs of free cash flow, corporate finance, and takeovers [J]. The American Economic Review, 76(2):323-329.

Jian M, Wong T J. 2010. Propping through related party transactions[J]. Review of Accounting Studies, 15:70-105.

Jiang G, Lee C M, Yue H. 2010. Tunneling through intercorporate loans: the China experience[J]. Journal of Financial Economics, 98(1): 1-20.

Kang M, Lee H Y, Lee M G., et al. 2014. The association between related-party transactions and control-ownership wedge: evidence from Korea[J]. Pacific-Basin Finance Journal, 29: 272-296.

Kao L, Chen A. 2013. How product market competition affects dividend payments in a weak investor protection economy: evidence from Taiwan[J]. Pacific-Basin Finance Journal, 25:21-39.

Khanna T, Palepu K. 2000. Is group affiliation profitable in emerging markets? An analysis of diversified Indian business groups[J]. The Journal of Finance, 55(2): 867-891.

Khanna T, Rivkin J W. 2001. Estimating the performance effects of business groups in emerging markets[J]. Strategic Management Journal, 22(1):45-74.

Kim S J. 2004. Bailout and conglomeration[J]. Journal of Financial Economics, 71 (2):315-347.

Klapper L F, Love I. 2004. Corporate governance, investor protection, and performance in emerging markets[J]. Journal of Corporate Finance, 10(5):703-728.

Kolasinski A C. 2009. Subsidiary debt, capital structure and internal capital markets [J]. Journal of Financial Economics, 94(2): 327-343.

Kyröläinen P, Tan I, Karjalainen P. 2013. How creditor rights affect the value of cash: a cross-country study[J]. Journal of Corporate Finance, 22:278-298.

La Porta R, Lopez-de-Silanes F, Shleifer A, et al. 1997. Legal determinants of external finance[J]. The Journal of Finance, 52(3): 1131-1150.

La Porta R, Lopez-de-Silanes F, Shleifer A, et al. 1999. The quality of government

[J]. Journal of Law, Economics, and Organization, 15(1):222-279.

La Porta R, Lopez-de-Silanes F, Shleifer A, et al. 2000. Investor protection and corporate governance[J]. Journal of Financial Economics, 58(1-2): 3-27.

La Porta R, Lopez-de-Silanes F, Shleifer A, et al. 2002. Investor protection and corporate valuation[J]. The Journal of Finance, 57(3):1147-1170.

Laeven, L, Majnoni G. 2005. Does judicial efficiency lower the cost of credit? [J]. Journal of Banking & Finance, 29(7):1791-1812.

Lang L, Poulsen A, Stulz R. 1995. Asset sales, firm performance, and the agency costs of managerial discretion[J]. Journal of Financial Economics, 37(1):3-37.

Larrain B, Tapia M, Urzúa F. 2017. Investor protection and corporate control[J]. Journal of Corporate Finance, 47: 174-190.

Lee C F, Lee K W, Yeo G H H. 2009. Investor protection and convertible debt design [J]. Journal of Banking & Finance, 33(6): 985-995.

Lee S, Park K, Shin H H. 2009. Disappearing internal capital markets: evidence from diversified business groups in Korea[J]. Journal of Banking & Finance, 33(2): 326-334.

Lemmon M L, Lins K V. 2003. Ownership structure, corporate governance, and firm value: evidence from the East Asian financial crisis[J]. The Journal of Finance, 58 (4): 1445-1468.

Leuz C, Nanda D, Wysocki P D. 2003. Earnings management and investor protection: an international comparison[J]. Journal of Financial Economics, 69(3): 505-527.

Levine R. 2005. Law, endowments and property rights[J]. Journal of Economic Perspectives, 19(3): 61-88.

Li J, Xia J, Zajac E J. 2017. On the duality of political and economic stakeholder influence on firm innovation performance: theory and evidence from Chinese firms [J]. Strategic Management Journal, 39(1):193-216.

Lin C, Lin P, Zou H. 2012. Does property rights protection affect corporate risk management strategy? Intra-and cross-country evidence[J]. Journal of Corporate

Finance, 18(2): 311-330.

Maksimovic V, Phillips G. 2002. Do conglomerate firms allocate resources inefficiently across industries? Theory and evidence[J]. The Journal of Finance, 57(2):721-767.

Matsusaka J G, Nanda V. 2002. Internal capital markets and corporate refocusing[J]. Journal of Financial Intermediation, 11(2): 176-211.

McNeil C R, Moore W T. 2005. Dismantling internal capital markets via spinoff: effects on capital allocation efficiency and firm valuation[J]. Journal of Corporate Finance, 11(1-2): 253-275.

Meckling W H, Jensen M C. 1976. Theory of the firm[J]. Managerial Behavior, Agency Costs and Ownership Structrue, 3(4): 305-360.

Moortgat L, Annaert J, Deloof M. 2017. Investor protection, taxation and dividend policy: long-run evidence, 1838-2012[J]. Journal of Banking & Finance (85): 113-131.

Myers S C, Majluf N S. 1984. Corporate financing and investment decisions when firms have information that investors do not have[J]. Journal of Financial Economics, 13(2):187-221.

Nini G, Smith D C, Sufi A. 2009. Creditor control rights and firm investment policy [J]. Journal of Financial Economics, 92(3): 400-420.

Peng W Q, Wei K J, Yang Z. 2011. Tunneling or propping: evidence from connected transactions in China[J]. Journal of Corporate Finance, 17(2): 306-325.

Peyer U C, Shivdasani A. 2001. Leverage and internal capital markets: evidence from leveraged recapitalizations[J]. Journal of Financial Economics, 59(3):477-515.

Rajan R, Servaes H, Zingales L. 2000. The cost of diversity: the diversification discount and inefficient investment[J]. The Journal of Finance, 55(1): 35-80.

Rajan R, Zingales L. 1998. Financial development and growth[J]. American Economic Review, 88(3):559-586.

Scharfstein D S, Stein J C. 2000. The dark side of internal capital markets: divisional rent-seeking and inefficient investment[J]. Journal of Finance, 2537-2564.

Schwetzler B, Reimund C. 2003. Valuation effects of corporate cash holdings: Evidence from Germany.

Seifert B, Gonenc H. 2012. Creditor rights and R&D expenditures[J]. Corporate Governance: An International Review, 20(1): 3-20.

Seru A. 2014. Firm boundaries matter: Evidence from conglomerates and R&D activity [J]. Journal of Financial Economics, 111(2):381-405.

Shah A, Shah H A, Smith J M, et al. 2017. Judicial efficiency and capital structure: an international study[J]. Journal of Corporate Finance, 44: 255-274.

Shin H H, Stulz R M. 1998. Are internal capital markets efficient? [J]. The Quarterly Journal of Economics, 113(2): 531-552.

Shleifer A, Wolfenzon D. 2002. Investor protection and equity markets[J]. Journal of Financial Economics, 66(1):3-27.

Stein J C. 1997. Internal capital markets and the competition for corporate resources [J]. The Journal of Finance, 52(1): 111-133.

Stulz R. 1990. Managerial discretion and optimal financing policies[J]. Journal of Financial Economics, 26(1): 3-27.

Sunder J, Sunder S V, Zhang J. 2017. Pilot CEOs and corporate innovation[J]. Journal of Financial Economics, 123(1): 209-224.

Whited T M, Wu G. 2006. Financial constraints risk[J]. The Review Of Financial Studies, 19(2): 531-559.

Williamson O E. 1975. Markets and hierarchies: analysis and antitrust implications: a study in the economics of internal organization. University of Illinois at Urbana-Champaign's Academy for Entrepreneurial Leadership Historical Research Reference in Entrepreneurship.

Xiao G. 2013. Legal shareholder protection and corporate R&D investment[J]. Journal of Corporate Finance, 23:240-266.

Xiao M, You J. 2009. Private benefits of control, growth opportunities and investor protection[J]. China Journal of Accounting Research, 2(1):123-145.

Yan A, Yang Z, Jiao J. 2010. Conglomerate investment under various capital market conditions[J]. Journal of Banking & Finance, 34(1): 103-115.

Zhang H, Wang M, Jiang J. 2017. Investor protection and stock crash risk[J]. Pacific-Basin Finance Journal, 43: 256-266.

Zingales L, Rajan R. 2003. Banks and markets: the changing character of European finance.